1日100億円動かした株のプロが教える株式投資

雨宮総研代表 株のお姉さん 雨宮京子 Amemiya Kyoko

この本は、株式投資の初心者でも
AtoZがわかるように構成されています。

フォレスト出版

はじめに

「この株、利益が出ているので売ってください」

証券会社の営業パーソンと、黒電話で会話する母。母は父の経営する会社の経理をやってはいましたが、基本的には一介の主婦でした。

ある日、突然、家中に畳半畳ほどの大きな絵画が次々と運び込まれました。東山魁夷や横山大観、平山郁夫……。わが家はミニ美術館状態になりました。母の株式投資の成果です。さらに、私の大学授業料、成人式の着物（鶴の舞った着物は、来年の成人式に私の娘が着ます）、自宅裏の土地購入費用なども、すべて株の利益で得たものです。

母は、特別に経済、金融を学んだ訳ではありませんが、その正体は、今日でいうところの「元祖スイングトレーダー」だったのです。

そんな母の姿を見てきた私。「カブってほんとに儲かるのかな？」と思っていましたが、やがて株は「誰でも簡単にできるもの」「平等に儲かる権利がある」と思うようになりました。私の青春時代のお気に入りは、テレビ東京の「株式ニュース」。そして証券会社に就職しました。タイトルのように、1日100億円を動かしたこともあります。活動の原点は、幼い頃から身近に株式投資を学べる環境があったからこそ。

こうして私は35年以上、株式業界に関わり、のべ30万人の投資家の方々にアドバイスをさせていただきました。その経験からいろいろな投資家やその投資手法も見てきました。

なぜ、儲かる人とそうでない人がいるのか。

確かに、性格的に株式投資に向いていないと思える方がいることは否定しません。

ただ、多くの失敗例をみると、やはり、株式投資の「基礎・基本」を疎かにしている印象が強いのです。

たとえばゴルフを楽しもうとする場合、いきなりコースに出ることはないでしょう。打ちっぱなしで練習を積んでから、初めてプレイするはずです。

プロゴルファーは、からだのどこかに力が入るでもなく、クセのない、とても美しいフォームでボールを打ちます。その結果、思う方向にボールが飛ぶのです。それは、「基礎・基本」がしっかり身に付いているからです。

それを我流でやってしまうと、手や腕、肩や腰などに力が入ってしまい、真っ直ぐに飛ばなくなります。しかも、一度身に付いたフォームのクセを直すのは至難の業なのです。

株式投資にも同じことが言えます。儲け方が全く違ってきてしまうのです。だから何事も「基礎・基本」が大切だと実感しています。そこを学んだうえで、あなたに合う投資スタンスを見つけるのが良いのです。

私は、株の世界で「株のお姉さん」として親しまれています。全国でマネー教育の講演を行っていますが、学べば、投資のパフォーマンスは上がります。儲かる楽しさをみなさんに味わってほしい。そのお手伝いをしたいと考えています。

本書では、株の何たるかを、Z世代のわが子に向けて、簡単に、わかりやすく、親しみやすく伝授する「株ママ」を、漫画のなかで演じております。

「基本は優良銘柄を長期保有することが大切」

「ただし、株は売らないと利益は確定できない」

これが私の投資スタイル。そして本書では、次の内容をお伝えします。

・銘柄選び
・売り時の見極め方

・複数単元株投資法
・儲けの幅を広げる信用取引
・10倍株（↓118ページ）へのワンランク上の必勝法

さらに、私の株式業界35年の経験にもとづき、投資に不可欠ながらよく知られていない、他の入門書には書いていないこともお伝えしています。

まさに、「基礎・基本」からしっかり学べる株の教科書なのです。

正しいマネーリテラシーを身に付けて株式投資をすれば、世界経済が自然と見えてくるようになります。お金の知識が広がり、就活や転職、飲み会にも役に立つはず。「シン・NISA《ニーサ》」（↓54ページ）も始まりますので、チャレンジしてみませんか。視野が広がり、株式投資が楽しくなれば、本当に嬉しいです。

今はお金がないから、ある程度貯まってからなんて言わずに、余分なお金を少しだけ、株式投資に回してみましょう。株式投資はできるだけ若いうちから始めるのが有利なのです。何事も初めが肝心。是非、株式投資でFIREを目指してください。

株式マーケットへようこそ。

一生涯、素敵なマネーライフが過ごせるよう、お役に立てれば幸いです。

2023年3月

雨宮総研代表　株のお姉さん　雨宮京子

プロローグ

物価高、貯蓄なし、
それなら株を勉強する？

息子の友達は
株をやっているらしい…
息子
友達
カチャ
カチャ
カチャ
彼女を
株主優待で
旅行に連れて
行ったり
映画に行ったり
しているそうだ
息子にとって
株をやっている
ことは…
日経平均株価
30795.78
+590.53
「ちょっぴり
オ・ト・ナ」
カチャ
カチャ
でも…
興味はあるけど
未知の世界すぎて
少し怖いらしい
株か…
やってみたい
けど…
フー…
よく
わかんない…

ただいま～
母ちゃん
買い物かな
ニャ～
ん？
うり
何これ？
ニャン？
はた織り中は
中をのぞかないで
ください
もしかして
内職!?
せっせっ
不景気だしな～
もう少し
家に入れなきゃ
だめかな～
何ブツブツ
言ってんだろ
これは
うり…
こっちは…
気になる…

見〜た〜な〜
くるっ
わ!!
ニャー!!
え?
これって…
株!?
もしかして…
母ちゃん…
株やってたの!?
え?
まあ
うちはホラ
株家系だから
シャーッ
何それ!?

あんたのバカ高い学費や
自動車教習代…
ミ～ヤーコーノナンチャラ…
外食費や家族旅行代…
その他諸々…
すべて株で賄ったのさ!!
私の学費も成人式の着物もばあちゃんがね！
はぁ!?

いくらなんでもそれは盛り過ぎじゃない〜？
それに
母ちゃんが株のこと詳しいって思えないんだけど…
なあ
え？
ニャ〜〜
それがねできるのさ
なぜなら
スッ
私はあんたが物心つくまで証券会社に勤めていたんだよ！
○△証券
ビビッ
ええ!?
なんかバブリー！
これも初耳なんですけど！
1日に100億円ほど動かしたこともあったわね〜
ひゃく…

さてと…
晩御飯までにもうひと儲けするから
ちょっと待ってて
え
あ
うん
……
カチャ
カチャ…
母ちゃん
お願いがあるんだけど…
ナァン…
カチャ
言ってみな～
ボクに株のことを教えて！
フッ
ようやく目覚めるときが来たようだね
スッ
じゃあ…

授業料10万円を用意しな
金取るの!?
しかも
たっか!
なに言ってんだい これは元手だよ
あんたがサブスクやスポーツクラブに月々払っている月謝はいくらだい？
え〜と 2万弱くらいかな…
いいかい
ズイッ
そのたった半年分くらいの授業料で株の基礎知識がわかり経済の仕組みも見えるようになり
よほど下手をしない限り10万円はゼロにはならないんだよ!!
株券

払う…！
払うよ
10万円！
その代わり
家に入れるお金
今月は半分でいい？
NO〜！
使う予定のある10万円は
充てちゃいけないよ！
余裕のあるお金で
やること！
わかった
もうすぐ
ボーナスでるから
そこから出すよ
キラリ…
じゃあ
私についておいで！
お
お願いします〜
ニャ〜
グッ

step 1

株の準備をしよう!

step 2 株を買ってみよう！

step 3

株を売ってみよう！

step 4

株で儲けてみよう！

step 5

株を分析しよう！

step

1

株の準備をしよう！

株の仕組みと口座開設

用意するもの

- パソコンかスマートフォン
- 運転免許証など
- マイナンバーカード

所要時間

10分

サー…
母ちゃん
株買いに
行こう
待って
どこに買いに
行くつもり？
NIKKEI
いもけんぴ
え⁉
株買うなら
証券会社じゃ
ないの…？
チッチッチッ
そこは
『カブ』だけに
八百屋さん」
って昭和のノリの
ボケかまして
欲しかった～
そしたら
母ちゃんが
カブあるよ
八百屋
八
株は八百屋さんには
売ってない
ニャ～
…って
言ったのに～
あのね
だいいちボク
平成生まれ
だし…
と
とりあえず
駅前の
証券会社に
行ってみようと
思うんだ
待ちな！
ズイッ
とりあえず
スマホでいいよ
え？

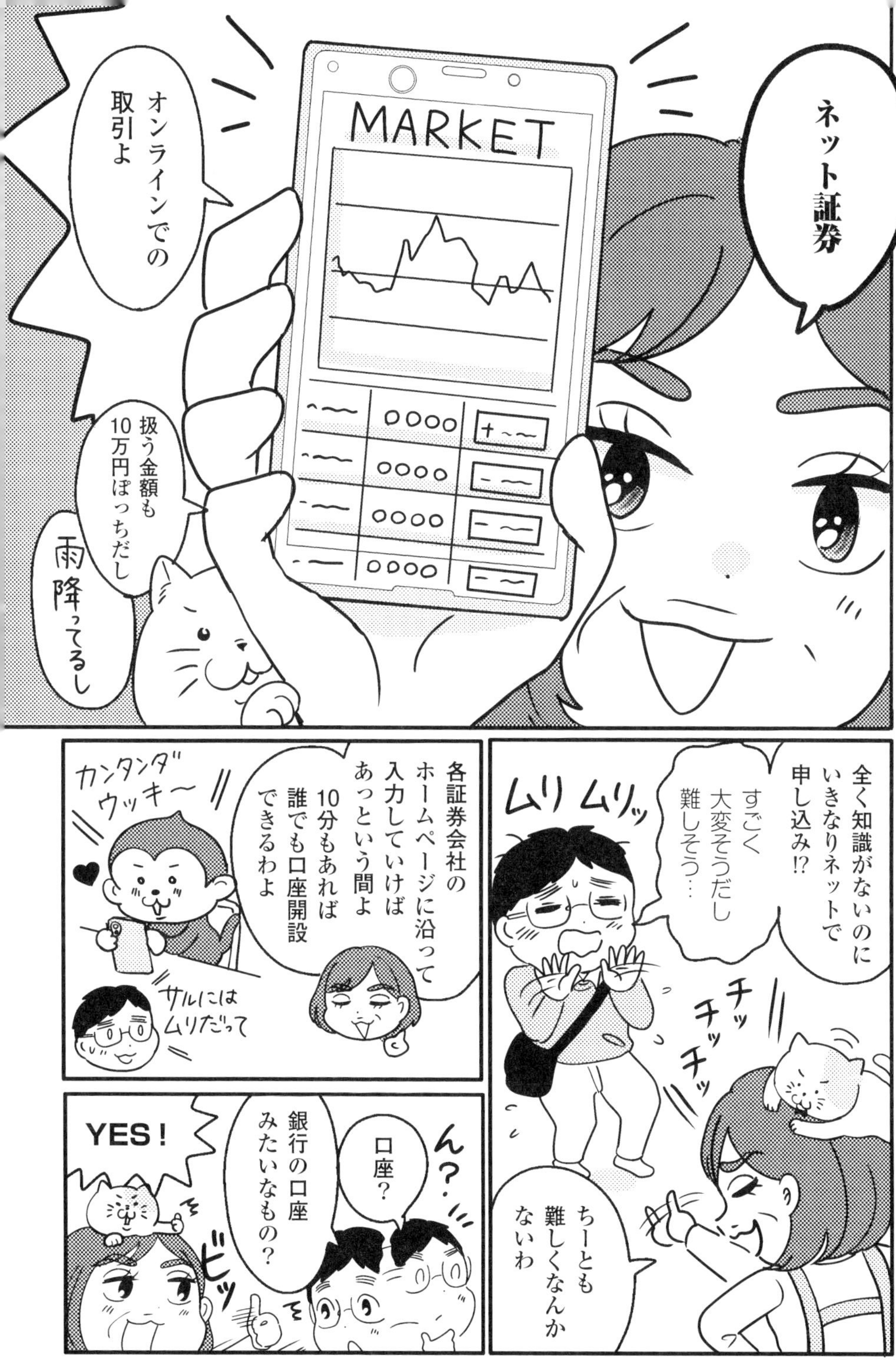
ネット証券
オンラインでの取引よ
扱う金額も10万円ぽっちだし
雨降ってるし
全く知識がないのにいきなりネットで申し込み!?
すごく大変そうだし難しそう…
ムリムリッ
チッチッチッ
ちーとも難しくなんかないわ
各証券会社のホームページに沿って入力していけばあっという間よ
10分もあれば誰でも口座開設できるわよ
カンタンダウッキ〜
サルにはムリだって
ん？
口座？
銀行の口座みたいなもの？
YES！
ビッ

まず証券会社を選んだら
そこに口座をつくらないと取引できないのよ
たとえ総理でも大統領でも
NOT株
100株くれたまえ
口座つくってくださ〜い♡
窓口でもネットでも同じ
ソーリ
どんっ
確かに言われてみれば…お金が動くんだもんね
で!
オンライン取引のメリットはパソコンやスマホでいつでもどこでも取引ができることね
いつでもどこでも…!
ピッピッ
ピッピッ
ピッピッ
あと手数料が安いことかしら
え!?
取引するのにお金かかるの?
株を買ったり売ったりするときは
証券会社に手数料を払わないといけないの
証券会社はそーやって食ってんだから
まいど
○○証券
株
手数料
カチャカチャ
そ
そーなんだ
?

パッ
ネット証券
1日定額コースならば、手数料が同じところも少なくない
窓口証券
代金が大きくなるとそれに比例して手数料は割安になる
手数料
手数料
売買代金がコースによって100万円以下や25歳以下のとき手数料はタダのところもある
ピッ!
一般的にこんな感じよ
もちろん例外もあるけど
0円
母ちゃんパソコンも使えるの!?
ネット取引のメリットはわかったわね
わかったけど…
じゃあみんなネット証券でよくない?
なあ
ヒョイ
ミャ〜
フッ
窓口だとね
担当になって親切に教えてくれるの
百戦錬磨のつわものたちが

株のことなら、おまかせあれ
そして じっくり相談に 乗ってくれるのよ!!
ドーン!!
的確な アドバイスが もらえるわ
この 銘柄は…
こちら ですと…
今なら 買い!?
売って みては!?
窓口証券
そっか 車の運転に 例えると
窓口は 助手席に ナビしてくれる人が 乗っている
この先を 左折して 最初の 交差点を 右折
ネット証券は 自分で地図で 調べる
この先を… 左折か… それから…
…って ことだね
目的地
ニャ〜
なかなか うまいこと 言うね〜
はい 座布団一枚!
そ、そう?

でもね
この先
扱う金額が
大きくなると
ネット取引が
怖くなることも
あるよ
金額が
大きく…
プルプル
プル
~~…プル
ドキ
ドキ
Enter
総合計
300,000,000円
ダメだ〜!!
押せない〜!!
確かに
億の金額だと
びびっちゃう
もんな〜
ギュ
ニャッ
そのときは
店頭がある
証券を検討
すればいいよ
100万%
無いと思うけど
ちなみに
ここだけの話…

大金を預けていたら上顧客として扱ってもらえるかもよ
新規公開株を紹介してもらえたり
マジ!?
ニーッ
よし!
いずれは店頭取引を目指すとして
とりあえずまず第一歩だ
さっそく口座を開設するよ!
スー…
何事も一歩踏み出す勇気が大切よ!
とは言ってみたものの
どこにすればいいかわかんない~
○○証券
□□証券
△△証券
×証券

どこでも同じよ
キッパリ
え!?
はっ
あえて言うなら 手数料が安くて 使い勝手のいい ところかしらね
サイトの見やすさ
情報量
○○金属 352.0
○△航空 2,461.8
△△電機 1,563.2
○△□証券
チャートの見やすさ
じっ
う～ん そうは 言っても…
じっ
じゃあ ストックちゃんに 決めてもらいましょ
ええ!?
ヒョイッ
○○証券に 決定～
えええ!?
ニャ!
ピッ
じゃあ 口座開設するわよ～

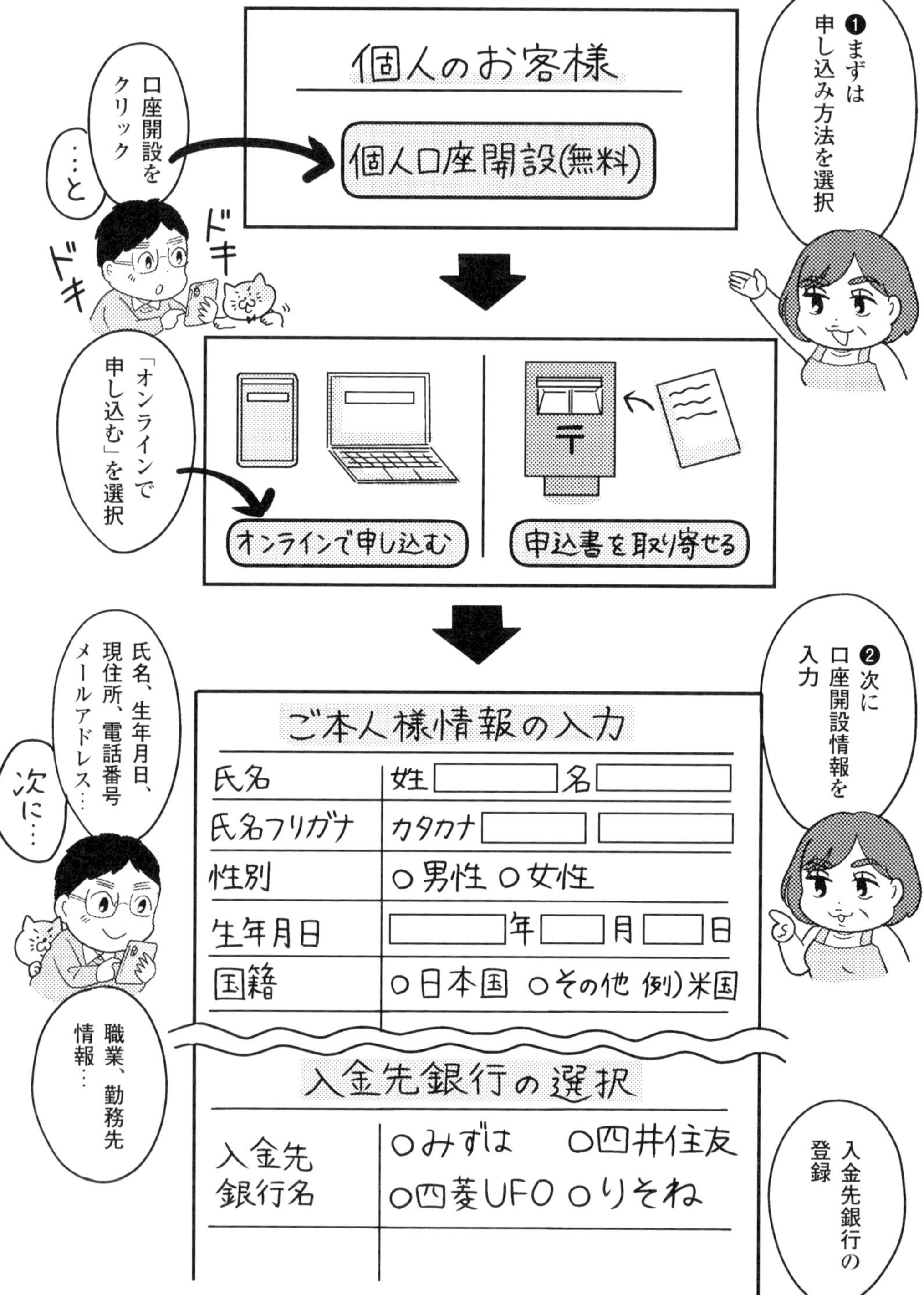
❶まずは申し込み方法を選択
個人のお客様
個人口座開設(無料)
口座開設をクリック
…と
ドキ
ドキ
「オンラインで申し込む」を選択
オンラインで申し込む
申込書を取り寄せる
❷次に口座開設情報を入力
氏名、生年月日、現住所、電話番号、メールアドレス…
次に……
ご本人様情報の入力
氏名 姓 名
氏名フリガナ カタカナ
性別 ○男性 ○女性
生年月日 年 月 日
国籍 ○日本国 ○その他 例)米国
職業、勤務先情報…
入金先銀行の登録
入金先銀行の選択
入金先銀行名 ○みずは ○四井住友 ○四菱UFO ○りそね

特定口座？
これどうしたら いいの？
?
特定口座ご利用の申し込み
特定口座 ご利用申し込み
○源泉徴収ありで開設する（原則、確定申告が不要）
○源泉徴収なしで開設する（確定申告が必要）
○開設しない（ご自身で損益を計算し、確定申告が必要）
「特定口座」＆「源泉徴収あり」が断然ラクよ！
株式取引で儲かったら確定申告が必要なの
でも自分で納税手続きするのって大変でしょ
税務署
申告書
大変そ〜
でも「あり」にチェックしておけば
証券会社がぜ〜んぶやってくれるの
○○証券
まかせて！
申告書
税務署
NISAは？
こっちの方が投資商品の種類が多いし年間の投資額も多く設定されてるの
NISA つみたてNISA
NISAに申し込む
つみたてNISAに申し込む
申し込まない
入力完了！

❸そしたら確認書類をアップロードして
マイナンバー確認書類
マイナンバーカード（顔写真付）
or
通知カード
or
マイナンバーを記載した住民票（写し）
本人確認書類
・運転免許証
・パスポート　等
オッケー
スマホで撮影して…
カシャ
アップロード！
ピ！
最後にクリック！
口座開設を申し込む
はい おしまい
これでいいの!?
ニャ～
もっと大変なのかと思ってた
あとは「口座開設のおしらせ」が届くわ
それまでワクワクしながら待ってて
おーっ
楽しみ～！

数日後
郵便局で〜す
簡易書留です
母ちゃん
口座開設完了通知が届いたよ
ニャ〜
ジャン！
〇〇証券口座開設完了のご案内
ログインID
パスワード
暗証番号
さっそく記載されているログインIDとパスワードで
お客様サイトにログインしてごらん！
ピピピのピ！
ログインできた！
10万円振り込んで！
ピッピッピッ
振り込んだ！
じゃあ何買えばいいの？
ほわ〜〜ん
ピク！

ナニァ～ッ!!
ひえええぇ～
ド～ン…
な
なになになに!?
開設までの
お膳立ては
してあげる

でも
初めて買う銘柄は
自分で選びなさい
ビギナーズラックも
あるかもしれないし
一生記憶に残る
銘柄となるわ
いい？
コク…
テヨタ
+39.0 2192.5
株式投資は
自己責任よ!!
わ
わかった
自分で
責任持って
やってみる！

そもそも株ってなあに？

多くの人に買ってもらい利益を分配するのが株

誰もが「株で儲けたい」と思うものですが、なぜ儲かる人と損する人がいるのでしょうか。その理由は、株のことをよく知らないで取引するから、と言えます。そもそも株とは何でしょうか？

「会社を設立しよう」と考えた時、まず一番に考えることがお金です。では、このお金をどのように集めればいいのでしょうか？　ここで活用するのが「株」の仕組みです。

企業は株を発行し、それを多くの人に買ってもらいます。こうして集めたお金で、会社を設立することができるわけです。

しかし、お金を出すだけでは出資者が許してくれません。設立後に会社が利益を出したら、株を買ってくれた人たち（＝株主）にそれぞれ株の持ち分（＝出資額）に応じて儲けを還元する必要があるのです。株式会社では、年に一回、定期的に「株主総会」が開催されます。ここで、利益の配分が決定します。以上が株のざっくりした仕組みです。

あなたが株を買うときは、将来、利益を出してくれそうな会社の株を買わないといけません。でないと、出資はすれども利益の還元に期待が持てないという結果になります。まずは、買おうとしている会社が、あなたに対してしっかり還元してくれそうか――これを知るだけで、投資成績が変わってくると思いますよ。

step 1

株の準備をしよう！

そもそも株って何？

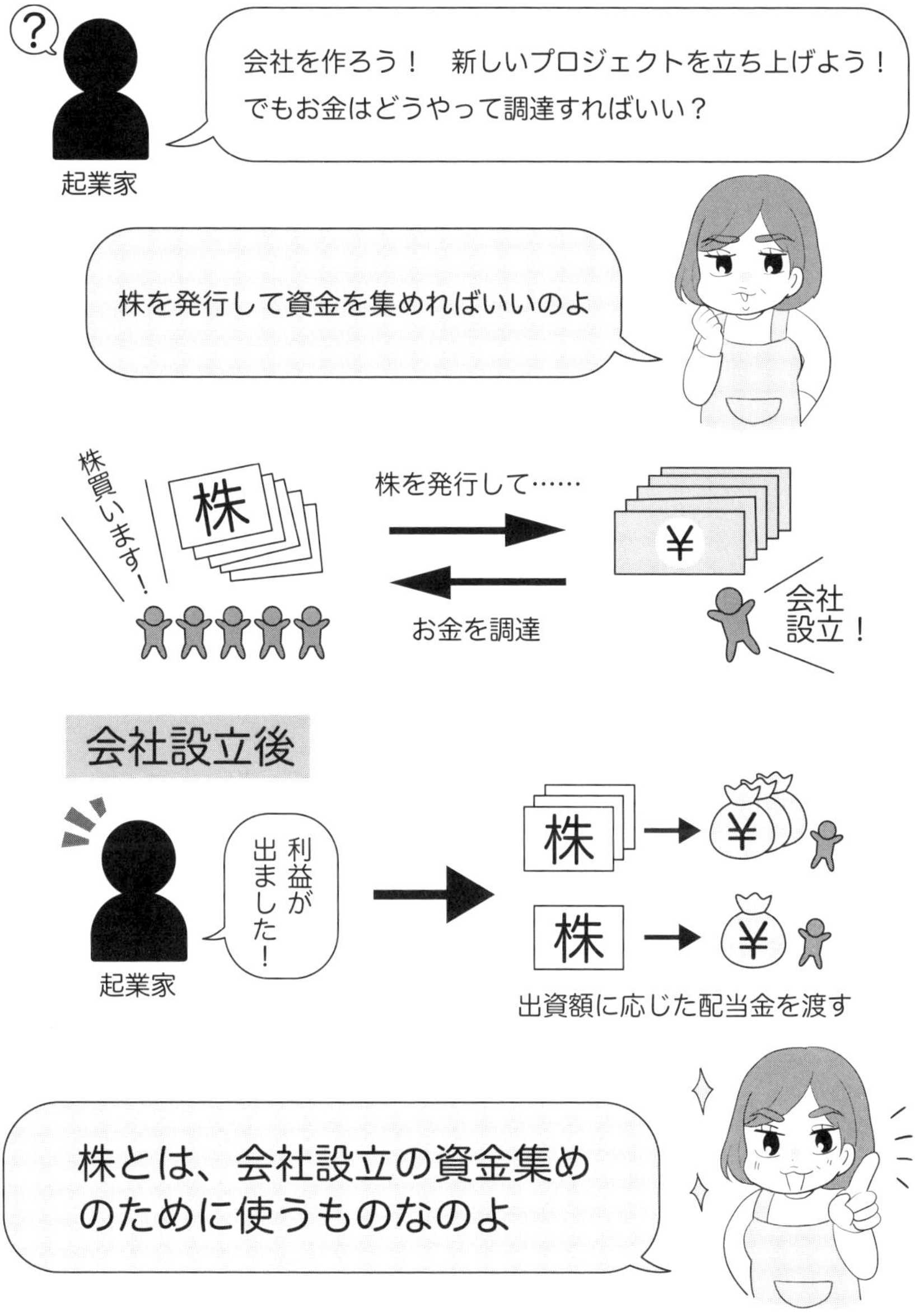

会社を作ろう！　新しいプロジェクトを立ち上げよう！
でもお金はどうやって調達すればいい？
起業家
株を発行して資金を集めればいいのよ
株買います！
株
株を発行して……
お金を調達
¥
会社設立！
会社設立後
利益が出ました！
起業家
株
株
¥
¥
出資額に応じた配当金を渡す
株とは、会社設立の資金集めのために使うものなのよ

株はどこで売っているの？

インターネット注文で気軽に売買できる

野菜の蕪《かぶ》は青果店やスーパーで売っていますが、会社の株はどこで売っているのでしょう？　昔は証券会社だけで売っていましたが、今は銀行など他の金融機関でも扱うようになり、以前に比べて、気軽に買えるようになりました。ただし、通常の商品のように、お店にある在庫を買うわけではありません。「証券取引所」で売りが出ている株を、証券会社が仲介して買うことになります。

「街にある証券会社や銀行に出向かなければならないの？」――そんなことはありません。お店に出向かなくても、インターネットで注文して買うことができます。

ただし、買い注文を出しても必ず買える訳ではありません。あなたが買いたいと思った値段と、売る人が出した値段がマッチ、つまり商いが成立して初めて買えるのです。

証券会社や銀行は、注文を仲介する機能を果たします。それに対して私たちは手数料を払い、注文を取り次いでもらうわけです。

株式売買は証券会社が仲介している

株式売買の流れ

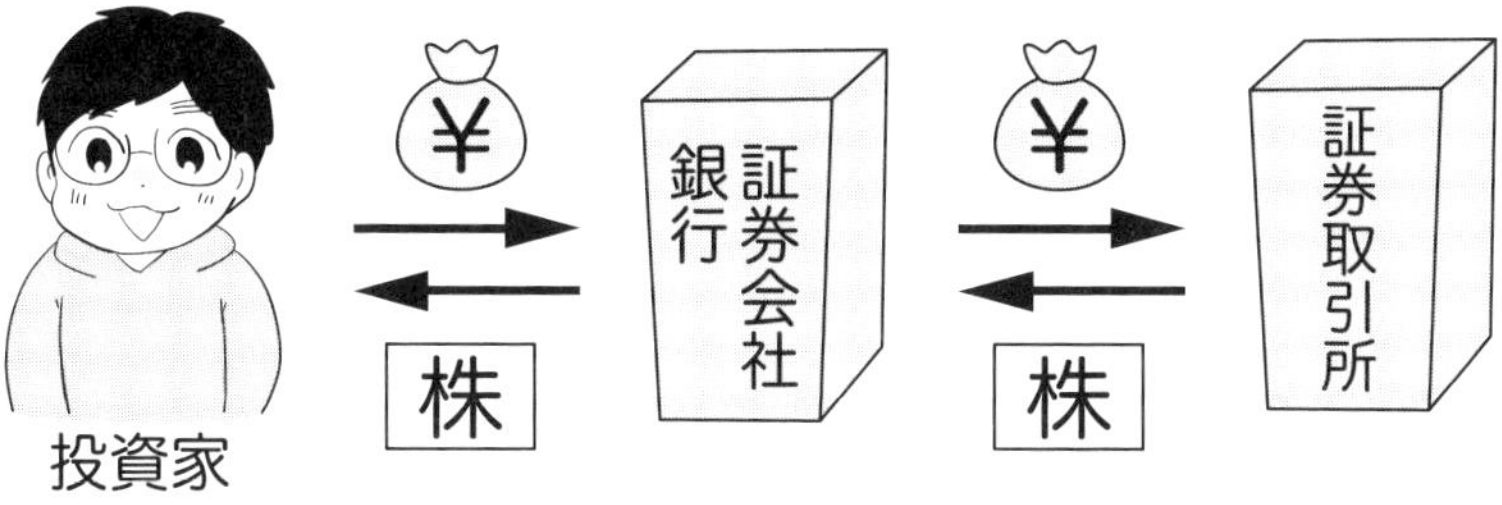
¥
¥
証券会社
銀行
証券取引所
株
株
投資家

投資家
口座を作って買い注文を出す

証券会社・銀行
投資家と証券取引所を仲介する

証券取引所
株を取引する

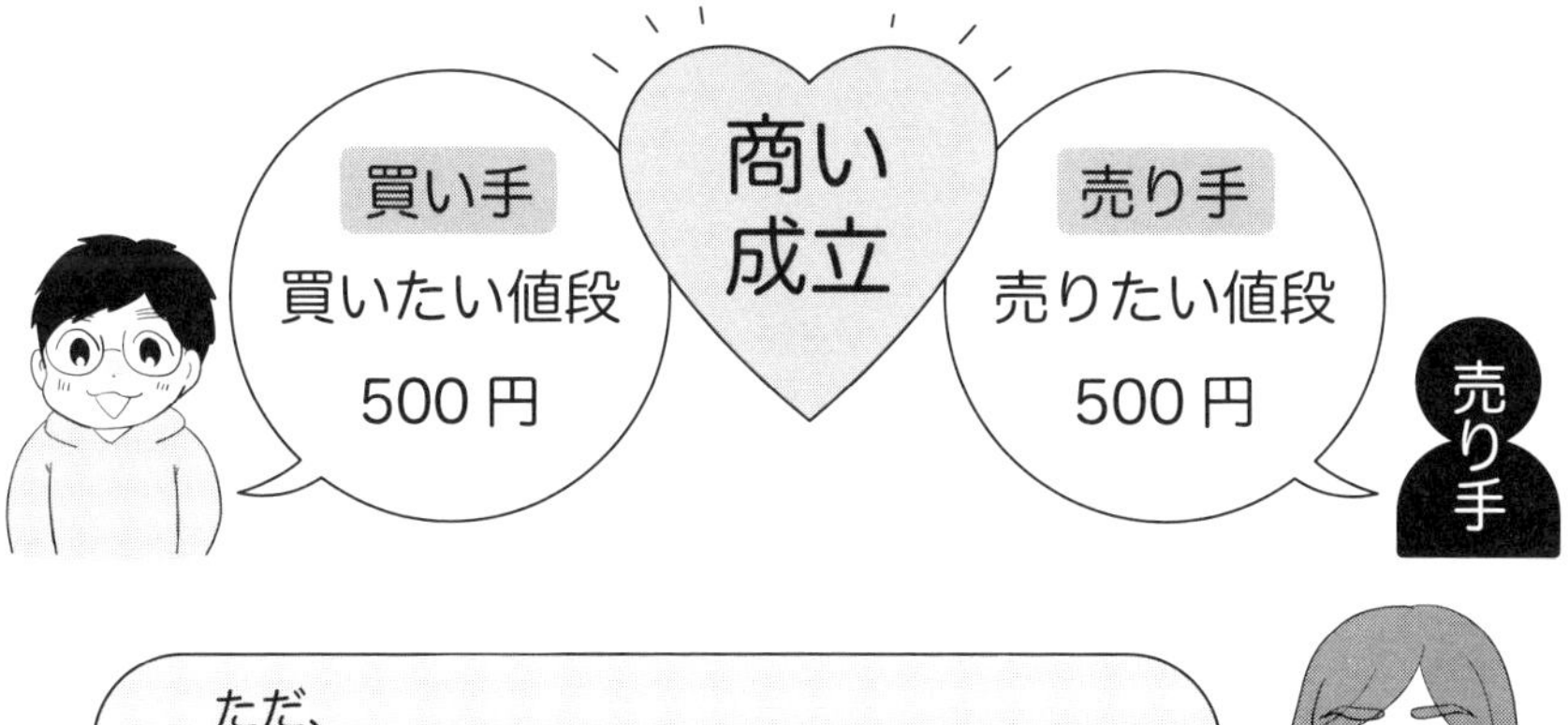
買い手
買いたい値段
500 円
商い成立
売り手
売りたい値段
500 円
売り手

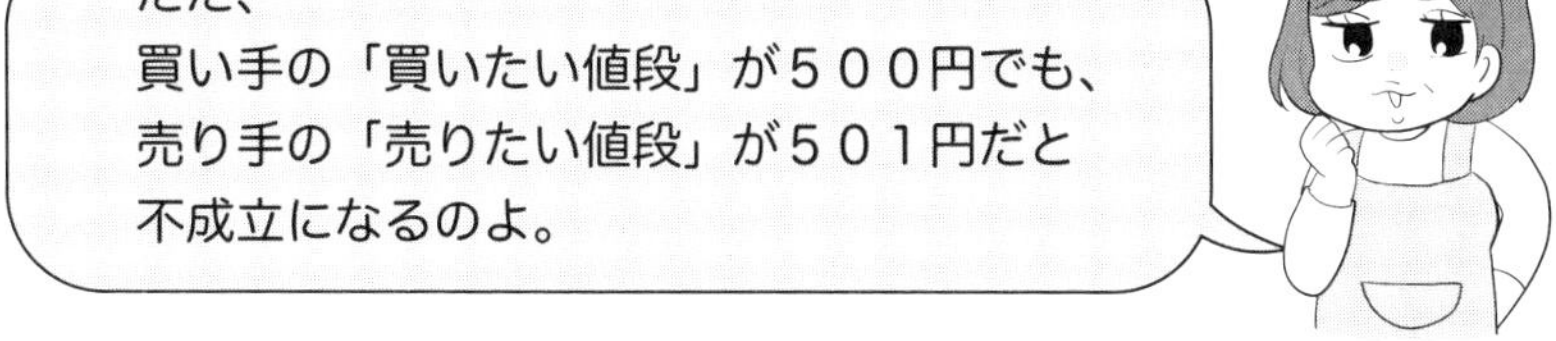
ただ、
買い手の「買いたい値段」が５００円でも、
売り手の「売りたい値段」が５０１円だと
不成立になるのよ。

一見《いちげん》さんの売り買いはお断り!! まずは証券会社に口座開設しよう！

用意するのはマイナンバー、運転免許証など

株をどこで買えばいいかがわかりましたね。では、次にやることは何か、話を進めましょう。

普通に買い物をする時は、お店に行って現金や電子マネーなどと引き換えに商品を手に入れるのが一般的。お店の人は見ず知らずの人にも売ってくれます。

ところが株は、証券会社に行って「株をください」と頼んでも売ってくれませんし、インターネットショップのように、クレジットカード登録でカンタンに買うこともできません。ちゃんと**身分をはっきりさせないと、株の売買はできない**のです。

銀行に口座を開く場合、身分証明書の提示をしますが、証券会社も同じ。マイナンバー確認書類、本人確認書類（運転免許証、各種保険証、パスポートなど）、印鑑が必要です。そして、金融機関口座も用意しなければなりません。なかには、アプリをダウンロードすることで印鑑を省け、簡単に開設できる証券会社もあります。

口座開設の流れとしては、店舗、インターネット、電話で口座開設申込書を請求し、それに必要事項を記した上で署名、捺印し、口座を開く金融機関に提出します。これによって審査が行われ、ＯＫとなって初めて証券口座の開設が完了します。

口座開設の流れ（ネットの場合）

用意するもの

・マイナンバー確認書類
・本人確認書類
（運転免許証など）
・金融機関口座
・印鑑

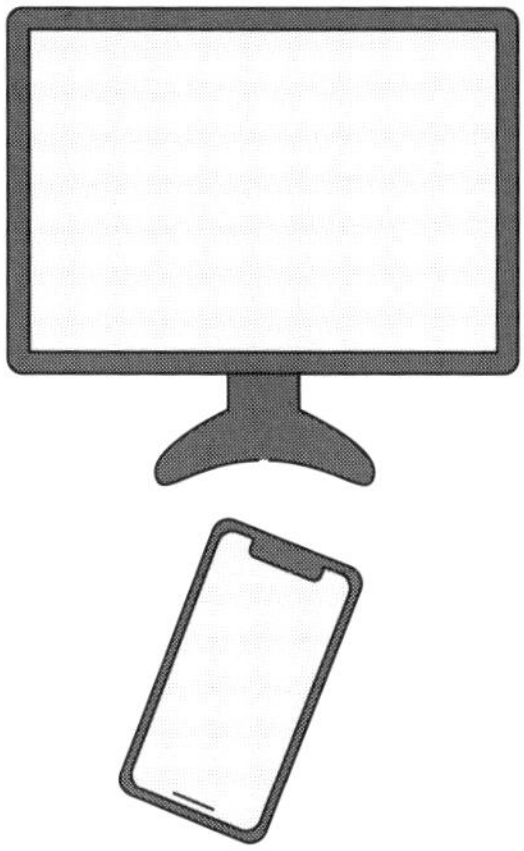

STEP!

1 口座開設の申し込み
証券会社のホームページでメールアドレスを登録

2 本人確認書類の提出
写真のアップロードや郵送での提出などから選べる

3 完了通知の受け取り
書類の審査が完了したら、メールや郵送で
口座開設完了通知が送られてくる

4 初期設定
ログインし、振込先金融機関口座の登録などを行う

↓

株の取引へ

証券会社はどうやって選ぶの？

ざっくり分けると2種類の証券会社がある

世の中にはたくさんの証券会社がありますが、どこを選べばいいでしょうか。結論としては、自分がやりたい取引に合致する証券会社、かつ好みに合う証券会社となります。

まず、証券会社はざっくり2種類に分けることができます。それは、インターネット証券会社と、窓口のある証券会社です。

個人の投資家にとって、株の売買はインターネットが主流になっています。インターネット証券は手数料が安いので、株の売買を頻繁に自由に行うのに最適です。サービスは最小限ですが、ネットを通じて豊富なデータが使用可能になります。サイトの見せ方は証券会社によって異なり、各社さまざまな工夫が凝らされています。口座開設前に、事前に各社のサイトを覗いてみてください。好みや使いやすさを比較し、自分に合う証券会社を選べばよいでしょう。

一方、窓口のある証券会社は、株以外の投資信託など、他の金融商品と一括で資産運用したい人に向きます。手数料は高めですが、担当者から、おすすめ商品の提案やさまざまなアドバイスが得られます。地元企業に密着した証券会社、中国株に強い証券会社など、個性豊かなのも窓口証券会社の特徴です。

将来のことを考えれば、最初から両タイプの証券会社で口座を作っておくのがベスト。あとは好みの問題です。

証券会社の選び方

証券会社をざっくり分けると２種類ある
- ●インターネット証券会社
- ●窓口のある証券会社

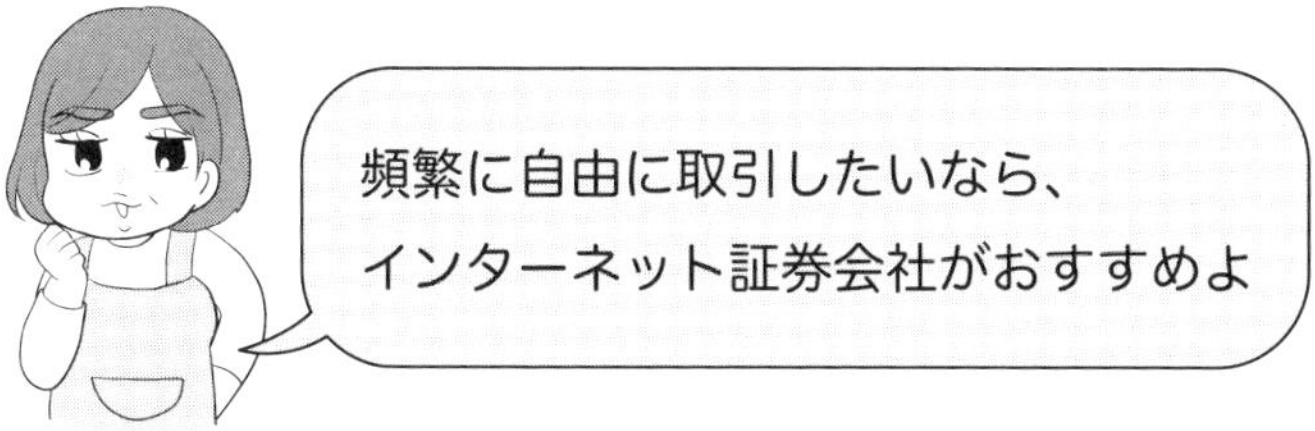
頻繁に自由に取引したいなら、
インターネット証券会社がおすすめよ

☑ポイント

□ 証券会社、銀行が自分の売買の目的と合っているか

□ サイトが自分好みかどうか

□ サイトが使いやすいかどうか

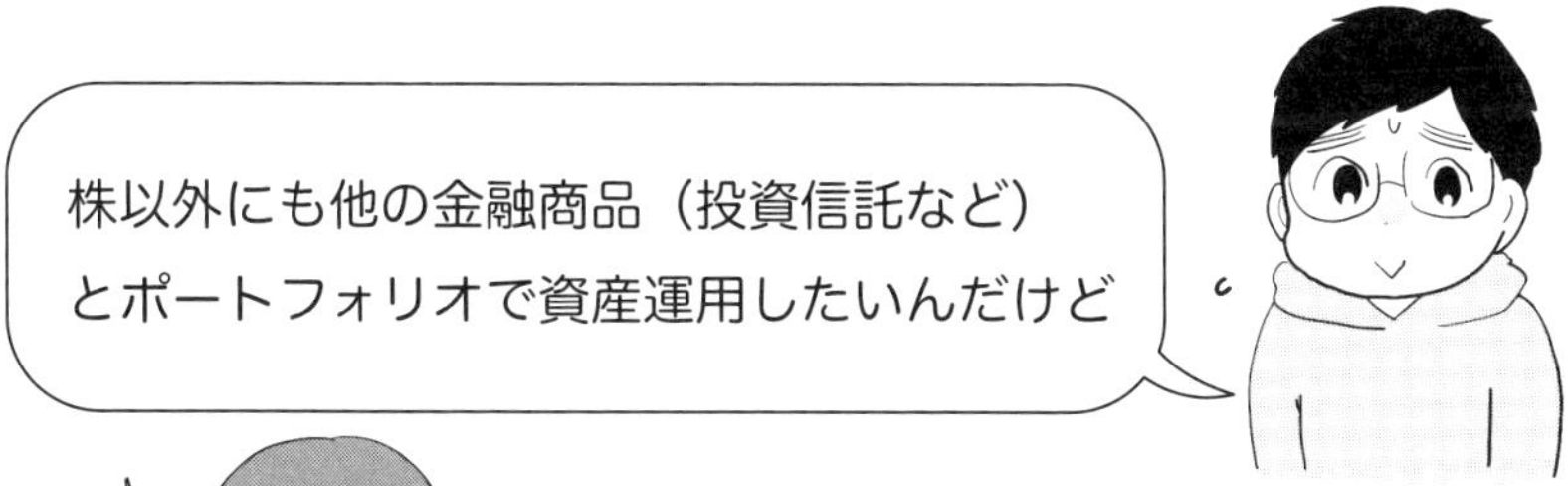
株以外にも他の金融商品（投資信託など）
とポートフォリオで資産運用したいんだけど

それなら窓口のある
証券会社がいいわね

インターネット証券会社の特徴を把握しておこう!

インターネット注文は現在の株式売買の主流

インターネット注文は、現在の株式売買の主流です。かつてに比べ、株が気軽に売買できるようになったのは、インターネット取引が導入されたことが大きいのは間違いありません。この本を手にして株を初めて買おうと考えているあなたも、インターネットを利用する予定の人が多いでしょう。ハードルが低く感じられるインターネット証券会社ですが、やはりメリット、デメリットがあります。

【メリット】

・手数料が圧倒的に安い
・営業パーソンに煩わされることがない
・マイペースで売買できる

【デメリット】

・通信環境に気を付けなければならない
・アドバイスをしてくれる人がいない
・どんな時も自分で判断しなければならない

取引したい時にインターネットが不安定だと、タイミングを逃しかねませんので、通信環境を整えることは必要です。また、ネット証券はアドバイザーがいるわけではありませんので、すべて自分で判断しなければいけません。基本的な取引の知識や分析力など、自ら身につけておく必要があります。

代表的なインターネット証券会社の例

SBI証券	https://www.sbisec.co.jp/ETGate
楽天証券	https://www.rakuten-sec.co.jp
松井証券	https://www.matsui.co.jp
au カブコム証券	https://kabu.com
立花証券ネットトレード ストックハウス	https://t-stockhouse.jp
マネックス証券	https://www.monex.co.jp
LINE証券	https://line-sec.co.jp
岡三オンライン	https://www.okasan-online.co.jp
DMM.com証券	https://kabu.dmm.com
GMOクリック証券	https://www.click-sec.com

自分のやりたいことに合わせて、
画面の見やすさ、使いやすさで、
好みの証券会社を選ぶといいわ

窓口証券会社の特徴を把握しておこう！

豊富なノウハウゆえに手数料が高い！

ネットに不慣れな人、大口の資金を多くの金融商品で運用したい人は、旧来型の窓口対応する証券会社で株売買を行うことをおすすめします。

窓口証券会社にも、当然のことながら、メリット、デメリットがありますので、今度はそれについて見ていきましょう。

【メリット】

・営業パーソンから詳しい知識が披瀝され、資料も豊富にもらえる
・株以外の投資信託や国債など金融商品のノウハウが豊富
・直通ダイヤルであればすぐつながり、相談できる

【デメリット】

・手数料がインターネット取引に比べてかなり割高
・人を通して株売買を行うので瞬時の取引に向かない

資産運用を考えるなら、窓口証券会社は豊富なノウハウを得られます。しかし、デイトレなどの場合は一日に何回も売買を行うため、手数料や注文のスピードなどの点で、窓口を介しての取引は向きません。

現在は、大手の窓口証券会社もインターネット取引を行なっています。あわせてチェックしてみてください。

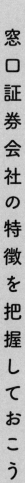

代表的な窓口証券会社の例

野村證券	https://www.nomura.co.jp/
大和証券	https://www.daiwa.jp/
SMBC 日興証券	https://www.smbcnikko.co.jp/index.html
三菱 UFJ モルガン・スタンレー証券	https://www.sc.mufg.jp/
みずほ証券	https://www.mizuho-sc.com/index.html
証券ジャパン	https://www.secjp.co.jp/
立花証券	https://www.1ban.co.jp/
東海東京証券	https://www.tokaitokyo.co.jp/
内藤証券	https://www.naito-sec.co.jp/
岩井コスモ証券	https://www.iwaicosmo.co.jp/
廣田証券	https://www.hirota-sec.co.jp/
木村証券	https://www.kimurasec.co.jp/
極東証券	http://www.kyokuto-sec.co.jp/

窓口証券は、地元企業に強かったり、中国株に強かったり、
サービスが手厚かったりと個性豊かよ

株ママ POINT 1

結局どの証券会社が一番おすすめなのか？

「どの証券会社が一番おすすめですか？」。初めて口座開設をしようとしている方たちからもっとも質問されるのがこれ。おそらく、「まず手数料の安いインターネット証券を自分で探して、ラクラク簡単に口座開設できる証券会社がいいですよ」というのがとても無難な答えになるでしょう。

とはいえ口座開設したのがネット証券一社のみだと、ネット障害などがあった場合、売買ができなくなる可能性も考えられます。ですから、一社だけ開設して満足してほしくありません。「今はまだそんなに貯蓄がないので……」と言わずに、初めから、複数の証券会社に口座を開設しておくことをおすすめします。

将来の素敵なライフデザインを描くなら、あるいはFIREするなら、資産形成が必要。少し面倒かもしれませんが、初めから数社の証券会社で口座を開設しましょう。資産運用配分を、目的別に、「短期」「長期」「積み立て」、この三つに分けておくのです。また、親御さんが口座を持っている証券会社に、あえて口座開設して、窓口担当者と仲良くしておくこともおすすめします。これは将来の相続を考えると必要なことと言えます。

実際、のべ30万人の方にアドバイスしてきた株のお姉さんの経験からすると、ネット証券と旧来型の窓口営業をしている証券を組み合わせて開設するのがベスト。たとえば次のように、トレードの種類ごとに3つの証券会社に口座を振り分けてみてはいかがでしょうか?

●短期保有　手数料の安いインターネット証券。すぐ資金が入出金でき、スイングトレードに向いている

●長期保有　配当金や優待保有銘柄をまとめた証券口座。窓口証券が向いている

●積み立てやNISA枠での長期運用　窓口証券でもネット証券でもよい

担当者が付くような、手数料の高く感じられる大手証券会社などは、幹事会社でもあるIPO(→218ページ)が当たる可能性もあるので、プロの専門家から株の知識を教えてもらうことも必要です。さまざまな証券会社とお付き合いすることで、金融商品の情報などももらえ、運用の収益が違ってくるのです。

上場銘柄は100株から売買できる

まずは10万円からスタート！

株式投資を行うためには、まとまった資金がないとダメ――以前はそんなイメージがありました。

確かに、株式には売買する時に単元株という制度があります。最低でもこれだけの株数を売り買いしなければならないという、最低単元株が決まっているのです。

以前はほとんどの銘柄の最低単元株は1000株でした。たとえば最低単元株が1000株で、株価が1000円の場合、必要な購入資金は100万円（売買手数料を除く）になります。ですから、まとまった資金がないと株が買えなかったのです。

しかし、現在、すべての上場企業は単元株が100株となっています。1000円の銘柄を買いたいなら、必要な購入資金は10万円。これなら、気軽に株式投資ができそうですよね。100万円あれば、かつては1社の株しか購入できませんでしたが、今は10社も買うことが可能。資金に多少の余裕があれば、複数の銘柄に分散投資しやすくなりました。

とはいえ、最初のうちは無理に大量の資金を投じる必要はありません。まずは10万円程度から始めてみましょう。株を買うことによって世界が広がるはずですよ。

最低単元株数とは？

最低単元株数とは、
売り買いする時に必要な
株数のこと。売買する時は
単元株で取引するのよ

- 現在、すべての上場企業は、
単元株が 100株 。

- 株価1000円なら、10万円あれば
１社の株を買うことが可能。

株価によっては３万円
くらいでも始められるよー

- 株価３００円前後の銘柄もあり。

- 100株以下でも売買できる
ミニ株・単元未満株もある。

非課税口座ＮＩＳＡの制度枠が拡大されて刷新されます

大口取引以外の株式の売却益に税金がかかるようになったのは、バブル相場末期の１９８９年４月。現在は、通常、株式や投資信託などの金融商品に投資をした場合、売却して得た利益に対して、配当金や分配金に約20％の税金がかかるようになっています。

そんな高い印象の株式税制下で、２０１４年に登場したのが「ＮＩＳＡ口座（非課税口座）」。毎年一定額の範囲内で購入した金融商品から得られた利益が非課税になる制度です。

そして２０２４年、ＮＩＳＡが新しい制度になります。それを私は「シン・ＮＩＳＡ」と呼んでいます。特徴は、対象年齢が18歳以上、つみたて投資枠（長期の積立や分散投資に適した一定の投資信託）の上限が年間１２０万円、成長投資枠（国内外の上場株や投資信託など。ただし、整理・監理銘柄や信託期間20年未満、高いレバレッジ型や毎月分配型の投資信託などは除外）は年間２４０万円、合計最大年間３６０万円で、つみたて投資枠と成長投資枠の併用が可能となります。

税金がかからない保有限度額としては、生涯の投資上限枠が全体で１８００万円、成長投資枠が１２００万円まで引き上げられます。また枠の再利用も可能です。税金がかからないのだから、「今はそんなにお金がないから必要ない」なんてもったいない。ＮＩＳＡ口座枠だけでもとっておきましょう。

新NISAに生まれ変わってより使いやすく！

株の売買をしたら普通は
利益に税金がかかるけど、
NISAには税金がゼロなんだ！

NISA《ニーサ》 少額非課税制度

NISAの取引には証券会社や銀行などに
特定口座 ＋ ＮＩＳＡ専用口座 が必要です。

そして……2024年から新NISAに変わります！

変更ポイント

①一般NISAは「成長投資枠」、つみたてNISAは「つみたて投資枠」と名称変更

②「成長投資枠」「つみたて投資枠」の併用が可能に

③年間投資上限額が拡大し、最大360万円に！

④生涯非課税保有限度額が最大1800万円で新設

⑤非課税保有期間が無期限に

⑥制度の恒久化

損を出して売却した場合、特定口座ならば
損益計算が可能。NISA口座は損益計算ができません。

なぜ「新NISA」がおトクなのか？

2024年から実施される「新NISA」。これまでより、枠の増額設定が飛躍的に拡大するのが特徴です。私は80年代後半のバブル当時から株式市場を見続けて35年以上になります。その私から見てもこの新NISAは、1987年にNTT（9432）が上場した時と同じくらい市場に衝撃を与えるだろうと感じています。新NISAのおかげで、日経平均株価が上場来高値を更新する可能性もあります。そこで私は、個人的に「シン・NISA」と呼んでいます。

NTT上場は株式市場にとって革命的な出来事でした。明治来、官営によって運営された日本電信電話公社が民営化され、日本電信電話株式会社（NTT）として上場、これが契機となり個人投資家が増えました。おかげで日経平均株価は1989年12月29日まで上昇、史上最高値3万8915円をたたきだしたのです。公社の民営化という国家事業だったため、この上場は成功させなければなりません。数回にわたって株式は売り出されます。主な売り出し先は個人投資家。そのため第1回目の売り出しは、個人投資家がハッピーになる必要がありました。証券界にとっては、新たな投資家層の開拓につながり、その後の上昇相場を支える要因の一つになったのです。何せNTTの売り出しで、生まれて初めて株を買ったという人が多かったのですから。

その意味で、シン・NISAは政府による資産所得倍増施策の一環と捉えることができます。NTT上場とはニュアンスが異なりますが、それでも「国策」と言っていいでしょう。「国策に売りなし」という相場格言がありますが、買い材料になるのは間違いありません。

NISAがお手本としたのは、1999年にイギリスが導入したISA（個人貯蓄制度）です。それまでの資産運用は富裕層だけのものという印象でしたが、ISA導入以降、イギリスの成人人口の2人に1人が行うようになり、資産運用が当たり前になりました。日本はイギリスより約15年遅くNISAを導入したわけですが、使い勝手の悪さもあり、思ったほど広がっていません。しかし、今回の改革によってイギリスのように資産運用が一般化する可能性はあります。

日本政府は2024年の改革で、少額投資非課税制度（NISA）を恒久化します。

年間投資枠を、「一般NISA」は成長投資枠として2倍の240万円に、「つみたてNISA」はつみたて投資枠として現行の3倍の120万円に拡大、合計360万円の投資枠を設けます。生涯の投資枠は1800万円になり、異次元の政策と言っていいでしょう。

イギリスのように大勢が参加すれば、現在、個人の金融資産の総額約2000兆円から、何割かは株式市場に流入するでしょう。そうすれば、NISA自体が株式の上昇要因になります。

このチャンスを逃す手はありません。NISAには「つみたて型」「一般型」がありますが、老後は遠過ぎて考えられないと思っているZ世代の方々には「つみたてNISA」からスタートするのも良いでしょう。既に高齢となった方は、元気なうちに人生を楽しむために一般型で資産運用することをおすすめします。

とにかく、やらねば損です。今はNISA口座開設だけでもしておき、来たる「シン・NISA」の波に備えましょう!

step

2

株を買ってみよう!

銘柄選びと情報収集

用意するもの

- パソコンかスマートフォン
- 『会社四季報』

ムフフ…
ジョ
ジョ
ジョ
ポン!
ポン!
ポン!
ポン!
株式投資なんて楽勝楽勝!
ん?
わっ!
ヘナ
ヘナ…
こっちも!
ヘナ
ヘナ…
これも!?
どうすればいいの〜!?

ハッ…
夢か…
カチャ
カチャ
株式投資は自己責任よ!!
…って言われても
情報が膨大すぎて選べないよ…
カチャ
………
カチャ
カチャ
あの…
母ちゃ…
あ
ニャ~
たすっ

あら
ストックちゃん〜
お前も株を買いに来たのかい？
どの株を買おうかニャやんでる顔ね〜
ミャ〜
ドキッ
でもね ストックちゃん 儲かる銘柄を真剣に探そうとしてもきりがないのよ
株価ボード
で！
真剣にやろうとすればするほど初心者は
ムズい！やめた!!
ってイヤになるの
ポーイッ
なので銘柄選びはそんなに真剣に考えなくても大丈夫
え!?

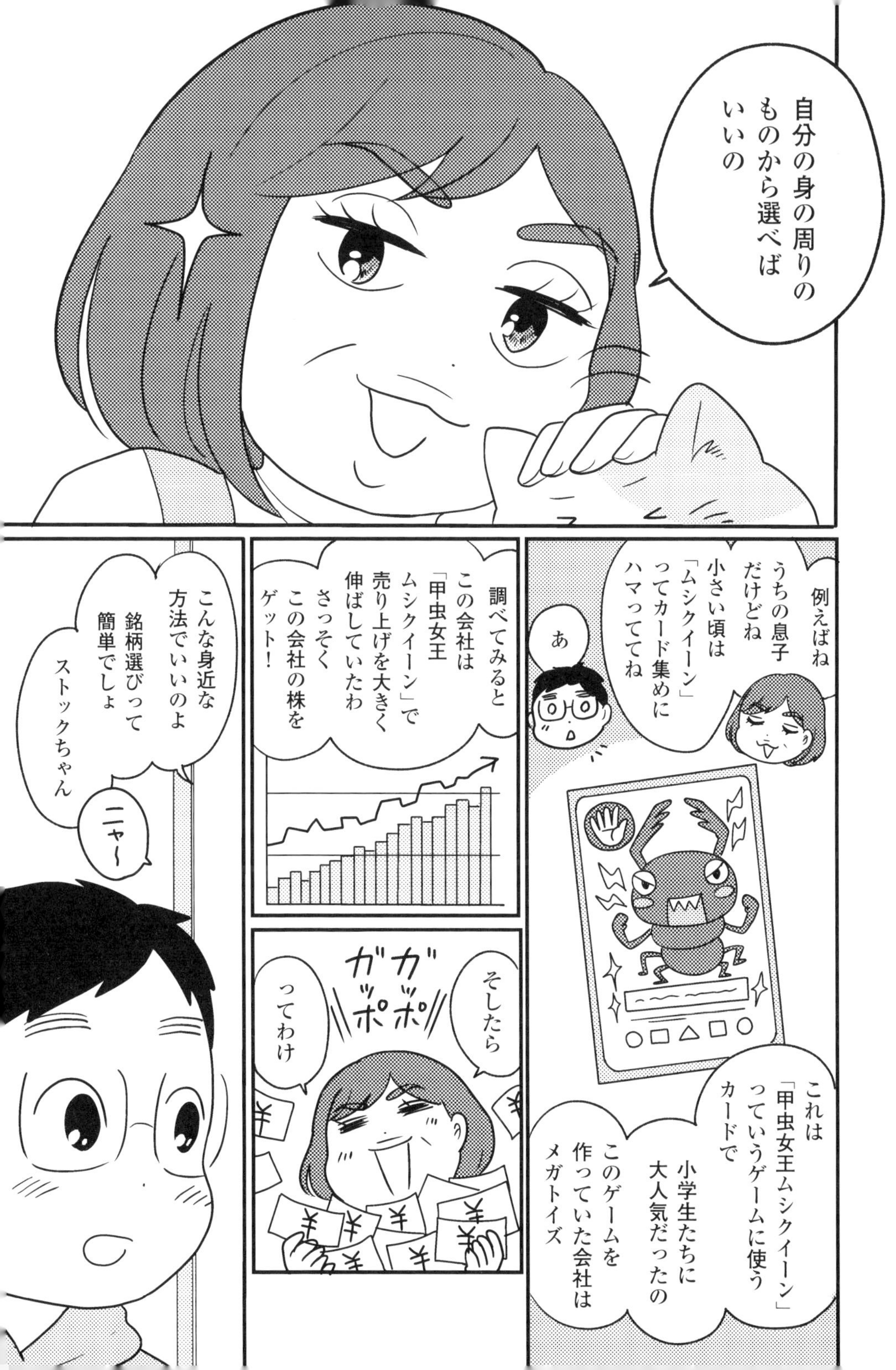

自分の身の周りのものから選べばいいの
例えばね うちの息子だけどね 小さい頃は「ムシクイーン」ってカード集めにハマっててね
あ
これは「甲虫女王ムシクイーン」っていうゲームに使うカードで
小学生たちに大人気だったの
このゲームを作っていた会社はメガトイズ
調べてみると この会社は「甲虫女王ムシクイーン」で売り上げを大きく伸ばしていたわ
さっそく この会社の株をゲット！
そしたら
ガッポ ガッポ
ってわけ
こんな身近な方法でいいのよ
銘柄選びって簡単でしょ
ストックちゃん
ニャ～

身近なものか！
そんなんでいいんだ！
よし！
とは言ったものの…
身近なもの
身近なもの
身近な…
ダメだ…パッと思いつかない
普段からもっとアンテナを張り巡らせておくんだった～
カチャ
カチャ
ミャー

ブツ
身近…
ブツ
グツ
グツ
お父さん今日も残業だって
もぐ
もぐ
うーーん
身近…
あ〜おいしい〜
この霜降り牛
あ
うん
おいしいね
インカムゲインのおかげね〜
え!?
?
イケゲーム…?
カチャ
いい!?
株で儲ける方法は2つ
ズイッ

一つが
「キャピタルゲイン」!!
ビッ
「値上がり益」のこと
株を売却した時に得る利益よ
例えば
10万円で買った株が
12万円で売れた場合
利益は?
その差額の
2万円が利益
だよね
12万円
株
10万円
株
売
買
そう
それがキャピタルゲイン
で!
他にも儲ける方法があるのよ
たくさん耕すこと!
♪カブ〜♪
ザク
ザク
YES!
昭和のノリがわかってきたね〜
そ
そう…?
あまりうれしくない
もう一つは…?

さっき言った
「インカムゲイン」!!
ビッ
「配当金によって稼ぐ利益」のことよ!
配当金っていうのはその企業の株を持っている人に対して
業績が上がった際にその利益の一部を株主に配当するもの
もうかったのでどうぞ!
○△株式会社
¥
配当金ってどのくらいなの?
そんなに儲かるものなの?
投資した額の2%くらいね
10万円
2%
1000円
1000円
今の銀行預金0.002%や郵便貯金の利回りを考えてごらん
けっしてバカにできないよ
BANK
0.0…
〒
たしかに…

ん？
じゃあ この肉は 配当金で 買ったって こと？
NO!
インカムゲインには「配当金」以外にも もう一つ おいしい儲けが あるの
￥
or
？
それは…
キラ
キラ
「株主優待」!!
キラ
企業が これらを株主に プレゼントして くれるの
自社製品
水
コーヒー
カレー
やきとり
さば
シャンプー
食事優待券
20%OFF
株主様お食事優待券
￥1,000
￥500
聞いたこと ある！
株主優待だけで 生活している お兄さんがいるって
飛車
金将
割引チケット
○○○ランド
フリーパス
鉄道割引券
OFF
メガネ
ジャン！
etc…

もっと詳しく説明するとねネズミーランドやネズミーシーを展開している「ヘレニズムランド」は1デーパスポートなどが株主にプレゼントされてるし
ネズミーランド 1DAY PASSPORT
南宝は映画優待券2枚
MOVIE 南宝 株主優待券
MOVIE 南宝 株主優待券
「JNL」は国内営業路線片道50％割引券などがプレゼントされているの
JNL 50%OFF 株主優待券
で！
肉食系のママは昔っから焼肉「NIKUホールディングス」の株買ってるから
株主優待で超高級お肉引換券がド〜ンともらえるのよ！
ドドン!!
そ　そういうことなんだね
ん？
…ってことは

身の周りのものから
選んでもいいけど
配当金や株主優待で
選ぶのもアリって
ことだね！
MOVIE
YES!
うん
これなら
選べそう…！
ありがとう
母ちゃん
いくつか
アタリをつけたら
持っといで
よし！
俄然食欲が
出てきた！
高級霜降り肉
おかわり～
ニャ～
野菜も
食わんかい！

ロイヤルマスト
ランチ
ムフフム
JR南日本は100株以上で運賃・料金割引券1枚…
星の源リゾートは100株以上で宿泊優待券2枚…
株主優待検索
星の源リゾート
…ってことは…
優待券だけでカノジョと旅行できるじゃん…！
ムフフ…
いないけど…
あれ？
もしかして株始めるの？
よ
あ
へへ…
ちょっとねやってみようかな〜って
不安だらけだけど…

いいじゃん いいじゃん
ガンガン 儲けようぜ
う うん
そうだ これ使ってよ
ここの 食事券
え？
ロイヤルマスト
株主優待食事券
¥1,000
スッ
この会社の株 けっこう持ってるんで 優待券がたくさん 送られてくるんだ
使い切れなくて
あ ありがと いいの？
どうぞ どうぞ
じゃあ がんばって
またな〜
うん
なんか オトナ…
同じ歳とは 思えない…
よ よし…！ ボクも がんばろ！

数日後
母ちゃん
いくつか
アタリを
つけたよ
この中から
買おうと
思うんだけど…
どれどれ
ガベドンッ
まかせな！
ガチャ
え
!?
ニャ！
でも最後の
決め手が
なくて…
そんな悩みは
この書庫で
解決よ！
クルリン
パッ！
いつの間に
改築したの!?
からくり
屋敷みたい…
会社四季報
だらけだ!!
そう…
会社四季報
ズイッ
会社四季報は
株式投資の
バイブルよ！

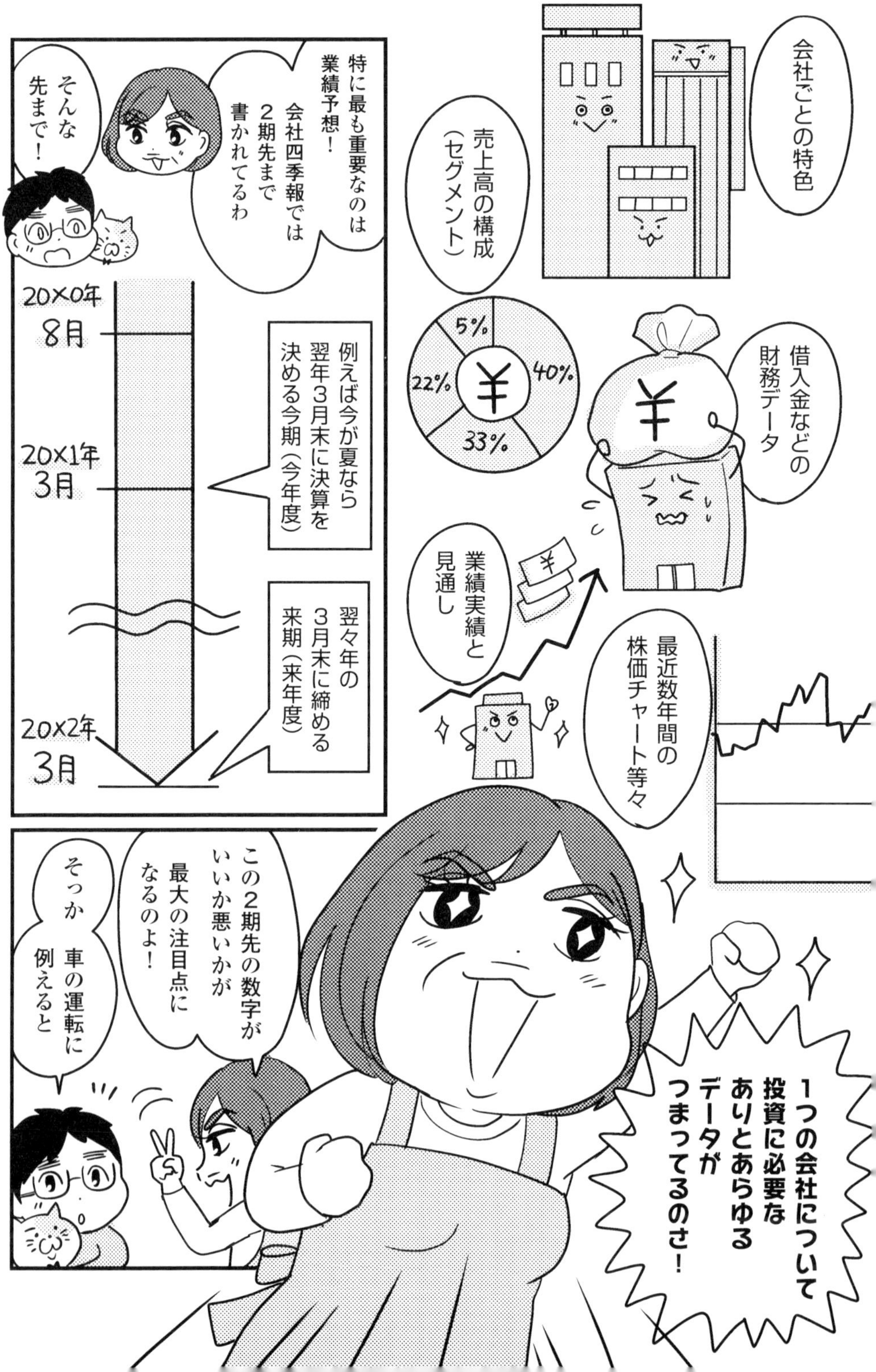

会社ごとの特色
売上高の構成（セグメント）
5%
40%
33%
22%
¥
借入金などの財務データ
業績実績と見通し
最近数年間の株価チャート等々
1つの会社について投資に必要なありとあらゆるデータがつまってるのさ！
特に最も重要なのは業績予想！
会社四季報では2期先まで書かれてるわ
そんな先まで！
20×0年
8月
20×1年
3月
20×2年
3月
例えば今が夏なら翌年3月末に決算を決める今期（今年度）
翌々年の3月末に締める来期（来年度）
この2期先の数字がいいか悪いかが最大の注目点になるのよ！
そっか 車の運転に例えると

周りのことを全く考えないで運転した結果…
違反して反則金を取られたり
事故を起こしてしまったりしたら危険極まりないからね
キキ〜!!
こっちが優先!
だから周りを見るつまり会社四季報などで情報を集めることは大切なんだね
またまたうまいこと言うね〜
はい座布団
てへ
で!ここからが極秘のテクニック
ついておいで
え?
なになに?母ちゃん
ス
?
?
カッ!
秘伝「学・術・道」!

ハッ
「学」

ファンダメンタルズ（銘柄の基礎的な情報）

会社の業績
これらがどうか会社四季報で確認！

「術」

上昇トレンドなのか？

横ばいなのか？

下降なのか？

チャートを確認！

ハッ
「道」

「儲《もう》ける！」

という強い信念！

ハッ

ビシッ！！
この技術で研究すればカンペキあるよ！
おお！なんだか一縷《いちる》の希望が見えてきた気が…
フッ
最後に1点！
あ　はい
「複数単元株投資法」で買いなさい
へ？
買う時はどのような銘柄でも複数単元※にすること
今回の場合投資金額10万円で買えるところ例えば①や②の買い方よ！
約10万円
100株
100株
①
株
株
500円
500円
300株
300株
②
株
株
166円
167円
う～ん よくわからニャイ～！

※単元株＝銘柄を売買するときの最低単位のこと。現在は100株で統一。

ものすご～く わかりやすく 説明すると
スッ
ヒョイ
本当は10万円で メロンを買いたい ところだけど
10万円
投資しがいが ありそう
そうじゃなくて 5万円のりんごを 2つ買ってみな
10万円
同じのを 2つ？
この買い方だと 上がった際に 部分的に売れば 心理的に すっごく楽に なるんだよ
あ～ ラクチン！
説明するよ

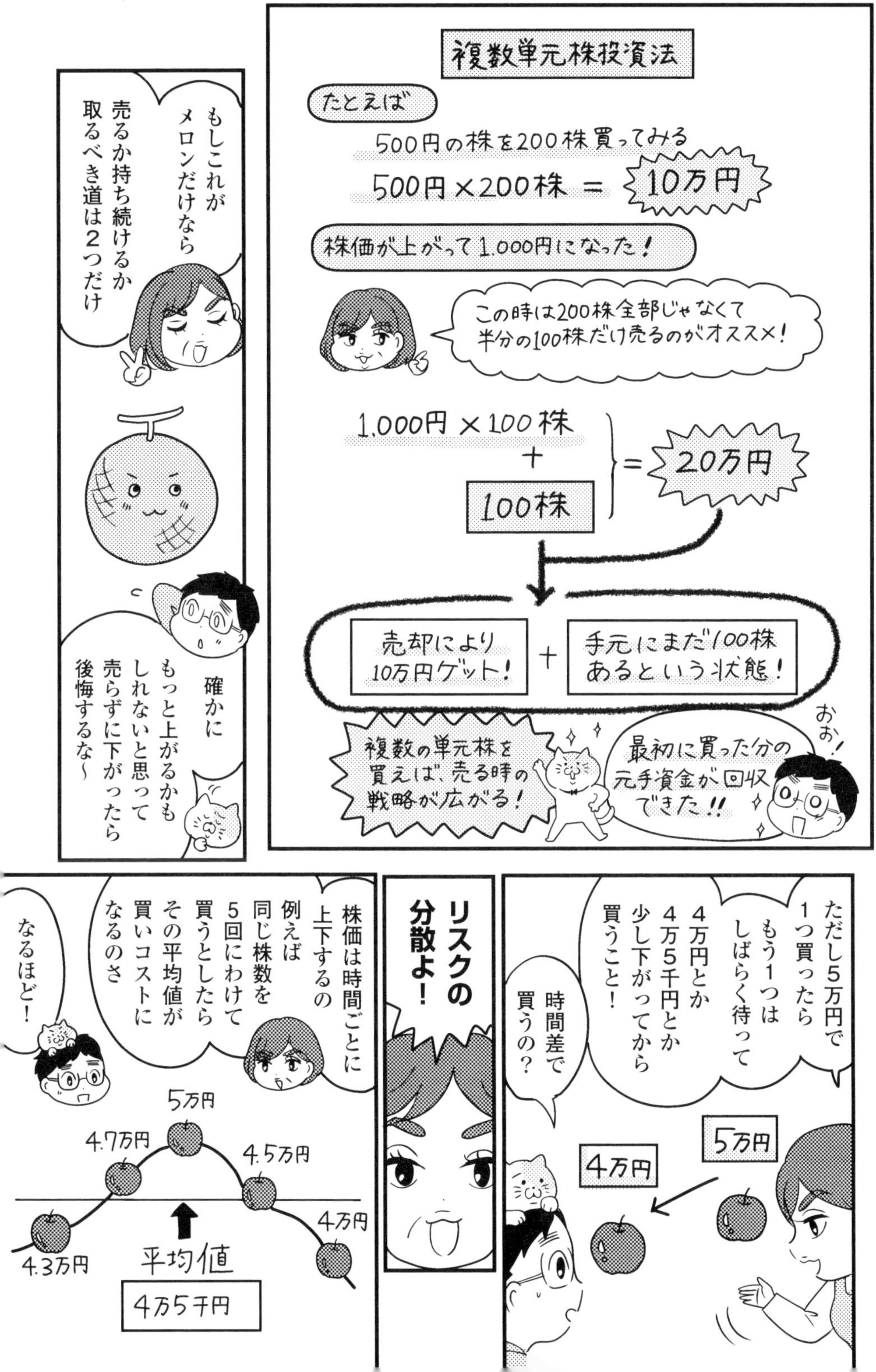
複数単元株投資法
たとえば
500円の株を200株買ってみる
500円×200株 ＝ 10万円
株価が上がって1,000円になった!
この時は200株全部じゃなくて
半分の100株だけ売るのがオススメ!
1,000円×100株
＋
100株
＝ 20万円
売却により
10万円ゲット!
＋
手元にまだ100株
あるという状態!
複数の単元株を
買えば、売る時の
戦略が広がる!
おお!
最初に買った分の
元手資金が回収
できた!!
もしこれが
メロンだけなら
売るか持ち続けるか
取るべき道は2つだけ
確かに
もっと上がるかも
しれないと思って
売らずに下がったら
後悔するな〜
ただし5万円で
1つ買ったら
もう1つは
しばらく待って
4万円とか
4万5千円とか
少し下がってから
買うこと!
時間差で
買うの?
5万円
4万円
リスクの
分散よ!
株価は時間ごとに
上下するの
例えば
同じ株数を
5回にわけて
買うとしたら
その平均値が
買いコストに
なるのさ
なるほど!
5万円
4.7万円
4.5万円
4万円
4.3万円
平均値
4万5千円

数日後
分析終わった～
あとは買うだけ…
アメリカFRB量的緩和前倒しか…ブツブツ
いいんだよねエンター押してもでも手が震える～
明日の朝まで待ちな
え？
ネットだといつでも買えるんじゃなかったっけ？
？
チッチッチッ
ニューヨーク市場が安い日を狙う
ニューヨーク？
え？どういうこと？
NYSE
ツ
これ鉄則

※ Newsモーニングサテライト（モーサテ）https://txbiz.tv-tokyo.co.jp/nms
（日本の朝6時はＮＹ市場が閉まる16時。サマータイムの時は日本は朝5時）

成行と指値の違い
A社の現在の株価
2.000円
A社の株を1.900円で売ってもいいよ
う〜ん…
え〜と…
A社の株が今すぐ欲しい場合
成行注文
成行で2.000円で買う
A社の株を少しでも安く買いたい場合
指値注文
「1.900円で売ってもいい」という人が現れるのを待って指値1.900円で買う
「成行」注文と「指値」注文をしっかりと理解しておかないと
買いたい銘柄も買えなくなるわよ
フムフム
すぐにその株を買いたい場合は成行注文で!
ビッ
なので とりあえず成行でOK
でも高い値段で買うことになるかも…
指値 成行
どうせ人は一番安い時に買えないの
え!?

「幸運の女神には
前髪しかない」
チャンスは
やって来たそのときに
つかまえないと
いけないの！
おお！
なんか
刺さる格言！
よ
よし！
つかむよ
前髪！
NY市場を
毎朝しっかり
チェックして
成行で
買うよ！
今日は
もう寝る！
それでよし!!

株には2つの儲け方がある「値上がり益」と「配当金」

安い時に買って高い時に売る キャピタルゲイン

株で儲ける——そこから連想するのは、株の値上がり益を得ることを思い浮かべる人が多いのではないでしょうか。これを「値幅取り」と言います。**安い時に買って、高い時に売れば**、その差額が売却益となって、株取引による利益になります。反対に、**高い時に買って、安い時に売れば**、損をするのは言うまでもありません。このように株は、上昇する時を狙って利益を得ますが、反対に、**高い時に売って安い時に買って**も儲かります。これは「空売《から》り」という投資手法で、第4章で詳しく説明します。

配当金で着実に儲ける インカムゲイン

もうひとつ、株取引で利益を得る方法としては、配当金があります。配当金とは、企業が得た利益を、お礼のような形で、投資した人に分配するものです。貸し付けた場合の利息（銀行の預貯金など）とは異なり、利益が出た時しか支払われません。

以前の配当金は雀の涙みたいに少なかったのですが、近年では投資家を大切にする企業が増えたために、たくさん出すところも増えました。配当利回りが15％と、銀行預金では考えられないような、高い利回りとなる配当金を出す企業も少なくありません。

キャピタルゲインとインカムゲイン

❶ 値上がり益《キャピタルゲイン》で利益を得る方法

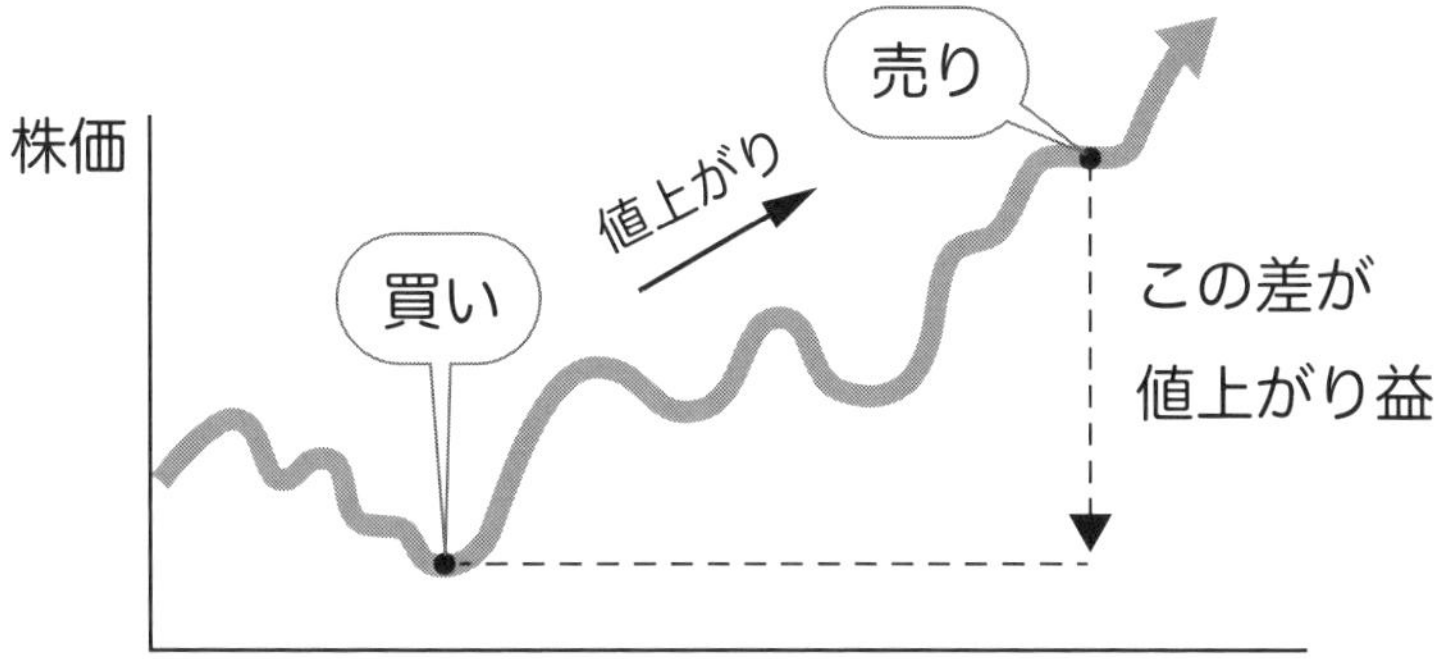

❷ 配当金《インカムゲイン》で利益を得る方法

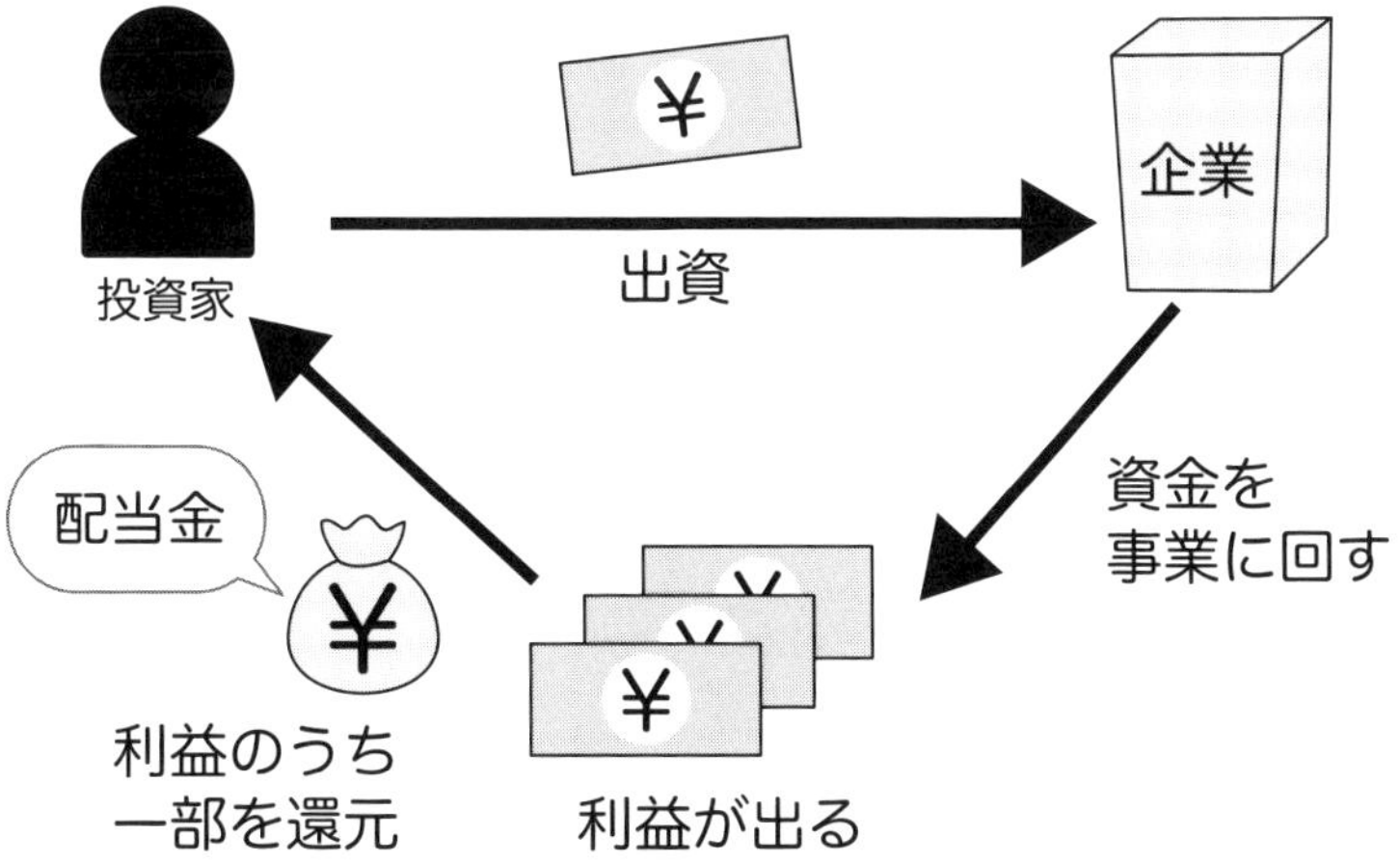

これだけおさえれば間違いなし 株の買い方・基本のポイント⑥

株を上手に買うコツは ちゃんと見極めること

「株の買い方にコツはあるのでしょうか？」そういった質問を初心者の方から受けることが少なくありません。その答えは、「あります」。まずは６つのポイントをおさえておきましょう。

① 材料を見極める

最終的には、利益がアップする会社の株価が上昇します。ですが、新製品、特許の発表など、将来の収益に結び付くかどうかをチェックすることが重要です。

② テーマに乗っているか

株式相場は、全面高（大多数の株価が上昇すること）になるケースは少なくなります。むしろテーマごとに物色されることが多いので、「現在の相場で人気テーマは何か」「これはテーマに乗っている銘柄か」をチェックしましょう。

③ 出来高、売買代金に注意

人気の有無を探るのは重要ですが、人気は売りや買いが集中していること。なので、出来高、売買代金の膨らみ具合に注意しましょう。過熱した銘柄は反動が怖く、見送りが無難です。

④ 業績の良い悪いで判断

当たり前の話ですが、業績が良ければ株は上がります。そのためにも、発表された決算数値はよく見ておくことが重要になります。

⑤ チャートで分析しよう

株価の動き方にはクセのようなものもあります。それはチャートを見ればわかります。まずはチャートを見る習慣をつけ、株価を分析できるようになりましょう。

⑥ 需給関係がどうかを読む

信用取引は、将来の反対売買につながるため、空買い(信用買い)が多い＝将来の売り需要、空売り(信用売り)が多い＝将来の買い需要、となります。そのため、これらの残高に注目します。

(信用取引については第4章で詳しく説明します)

文字にすると極めて当たり前に感じられますが、実際に株の取引を始めたら、身に染みて実感するはず。

そして、メンタルも大切。決して焦らないこと！ 慌てて買ってしまうと、ロクな結果になりません。ここはひと呼吸置いて冷静になると株価の見方も変わってきます。

株式投資は銘柄選びがもっとも大切！

身の周りのネタから銘柄探し

銘柄探しは、学校で勉強するみたいにコチコチの頭で考える必要はありません。実は、街中を歩いていると「儲かる銘柄」のネタがたくさん転がっているのです。ピンときたらその直感を大切に。案外身の周りで発掘できます。そう、普段の観察が重要。アナリストになった気分で、つねにアンテナを張り巡らせ、ウオッチする習慣をつけましょう！

たとえば、工事、建設現場などで動いているクレーン車のロゴ。定期的に開かれるスポーツの世界大会の経済効果もあります。会場に映るスポンサー、ユニフォームについている企業ロゴ、出場選手のCM効果、スポーツ用品、スポーツパブなど……。行きつけの飲食店に入ったら、奥に積み上がっている食品や飲料ケースの業者名などをチェックしましょう。カラオケやボーリングはどこに行っている？　スーツや洋服はどこがお気に入り？　通っているスポーツジムは？　病院に行ったら、MR検査機器や心電図メーカー、点滴や薬品会社はどこかな？

とにかく企業ロゴが目立つもので忙しく動いているものは、売上げが上がっていると考えられます。売れ筋で業績をアップさせる製品であることが多いのです。

株とはズバリ「連想ゲーム」。人より注意深く身の周りを観察するだけで、「儲かる銘柄」のネタがざくざくと目に入ってきます。

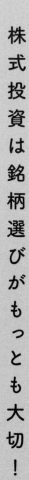

身の周りで注目の銘柄例

【工事現場・建機会社】

コマツ［6301］
日立製作所［6501］
日立建機［6305］
クボタ［6326］（**農業機械国内トップ**）
北越工業［6364］（**建設現場用の高所作業車**）
加藤製作所［6390］（**国内建設用クレーントップ**）

【機械関連】

アマダ［6113］（**金属加工機械の総合メーカー**）
タクマ［6013］（**ボイラー基盤やごみ焼却炉**）

【カラオケ、ボーリング】

コシダカホールディングス［2157］（**「カラオケまねきねこ」**）
ラウンドワン［4680］
ＡＯＫＩホールディングス［8214］

【カプセル玩具】

バンダイナムコホールディングス［7832］
ハピネット［7552］
タカラトミー［7867］
スクウェア・エニックス・ホールディングス［9684］

【福利厚生】

ベネフィット・ワン［2412］

【中古品・リサイクル】

メルカリ［4385］
トレジャー・ファクトリー［3093］
Buysell Technologies［7685］
買取王国［3181］
コメ兵ホールディングス［2780］

ホットなテーマで銘柄をくくってみよう

関係する企業を調べてみよう

株のオーソドックスな買い方は「テーマ」買いです。人気となる銘柄はその時々のテーマで変わります。そのテーマ株に乗っかれば利益ゲットのチャンスが大きくなります。

たとえばインバウンドに関心があるなら、旅行会社、予約サイト、乗り物や鉄道、ホテル関連が連動することがよくあります。このように、各社の株の値動きはバラバラですが、業種やテーマなど、グループごとに動きやすいのです。

同じ環境でビジネスを行う企業は、株価が動く材料が共通するので、収益動向が似ています。「同じテーマでくくれる銘柄は、ホットな話題があれば同時に動く」と覚えておいてください。関連銘柄は検索することができます。最近では「6G」「脱炭素」「チャットGPT」などにも注目するといいですね。

株の材料は「連想ゲーム」

株式投資では情報が大切です。もっと言えば、情報がどう株の材料になると気がつくかどうか。「風が吹けば桶屋が儲かる」という諺は、まさに銘柄探しそのものです。株の材料は連想ゲームなのです。訪日客は回転寿司やラーメンに興味がある→インバウンドが増えて株価が上がる、とつなげられます。

妄想を膨らませて、目の前の現象が株にどうつながっていくのか注目しましょう。

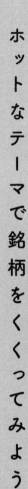

ホットなテーマでくくる銘柄

【ホテル】

共立メンテナンス［9616］
藤田観光［9722］
ワシントンホテル［4691］
リゾートトラスト［4681］

【高級品が売れるデパート】

高島屋［8233］
松屋［8237］
三越伊勢丹ホールディングス［3099］

【訪日観光客の定番土産】

パン・パシフィック・インターナショナル HD［7532］（**ドン・キホーテ**）
マツキヨココカラ＆カンパニー［3088］
クリエイト SD ホールディングス［3148］
シチズン時計［7762］

【飲食】

FOOD＆LIFECOMPANIES［3563］（**回転寿司スシロー**）
くら寿司［2695］
元気寿司［9828］（**魚べい**）
カッパ・クリエイト［7421］（**かっぱ寿司**）
サイゼリヤ［7581］
日本マクドナルドホールディングス［2702］
力の源ホールディングス［3561］（**博多ラーメン店「一風堂」**）
吉野家ホールディングス［9861］

【アクティビティ】

ベストワンドットコム［6577］（**クルーズ予約サイト**）

株ママ POINT 3

「麦わら帽子は冬に買え」季節株投資法とは？

四季のある日本の株式市場は、季節ごとに注目される銘柄も異なります。株式市場では「株の動きは人の動き」と言われますから、季節に応じて人がどう動くのかを観察するのも重要。そこで「季節先取り」で銘柄選びするのも一法です。たとえば最近は猛暑が続いているので、夏前に猛暑関連銘柄を買ってみるのです。ただしハズレもあります。予想に反して冷夏になれば、猛暑であれば儲かるはずの企業の業績はイマイチに。予想をハズしたら早めのロスカットをしたいところです。

古くからの相場格言に、「麦わら帽子は冬に買え」というものがあります。その言葉通りに、季節ごとに動く関連株を3か月前から半年前に狙ってみるのはいかがでしょうか？　そこで、季節先取り銘柄を挙げてみました。

【春】

●「花粉症関連、今年の飛散量は例年の2・5倍」。毎年こんなニュースを見かけます。そこから考えると花粉症グッズが売れるはず。そこでシーズン初めに狙います。

◎目薬→ロート製薬〔4527〕

◎花粉症ガードスプレー→アース製薬〔4985〕、資生堂〔4911〕

◎空気清浄機→ダイキン工業〔6367〕、パナソニックホールディングス〔6752〕、日立製作所〔6501〕

●子供の塾や大学進学、また会社員の転勤といった引っ越しの時期。

◎塾→ナガセ〔9733〕

◎学習参考書→学研ホールディングス〔9470〕

◎通信教育→ベネッセホールディングス〔9783〕

◎引っ越し→サカイ引越センター〔9039〕

【夏】

●厳しい暑さが続く年が増えています。当然、暑さ予防や暑いからこそ流行るビジネスに注目。ビールは古典的な猛暑関連株です。

◎ビール↓キリンホールディングス〔2503〕、アサヒグループホールディングス〔2502〕、サッポロホールディングス〔2501〕

◎キャンプ用品↓スノーピーク〔7816〕

◎殺虫剤↓フマキラー〔4998〕

◎日傘↓ムーンバット〔8115〕

◎業務用冷凍機器↓ホシザキ〔6465〕、大和冷機工業〔6459〕、フクシマガリレイ〔6420〕

◎アイスクリーム↓森永製菓〔2201〕、モロゾフ〔2217〕など

【秋】

●秋は「学会シーズン」。感染症は季節に関係なくなっていますが、新薬承認などのIRが出ると値動きが激しくなります。ボラティリティー（価格変動の度合い）があるとデイトレーダーが参加して儲けている可能性がありますので注意が必要です。

◎国内製薬首位↓武田薬品工業〔4502〕

◎アルツハイマー型認知症薬「レカネマブ」→エーザイ〔4523〕
◎臨床試験など→新日本科学〔2395〕
◎老舗の創薬ベンチャー→そーせいグループ〔4556〕
◎再生誘導医薬品→ステムリム〔4599〕
◎近視抑制や脳活性→坪田ラボ〔4890〕
◎2019年コロナ後遺症薬品→メディシノバ〔4875〕

【冬】

●クリスマス・プレゼントとして子供にはゲームが定番。ただしこれらは、企業の実際の売上高を統計から確認して投資したほうがいいかもしれません。
◎スイッチ→任天堂〔7974〕
◎カードゲーム→ブシロード〔7803〕
◎コト消費・体験型→日本スキー場開発〔6040〕
●クリスマスケーキに、おでんや鍋のしめにおじや……冬は卵需要が伸びます。
◎北海道でシェア5割、採卵養鶏場大手→ホクリョウ〔1384〕

株ママ POINT 4

あの会社も上場していないなんて！株式を買えない有名企業もある

「仕事が上手くいった週末は、自分にご褒美としてプレミアム・モルツを飲んでいます」――その製造元は、超有名企業のサントリーです。長期投資の株主になれるかなと銘柄検索してみると……「該当する企業は見つかりません」と出てきました。そう、**サントリーホールディングス**は上場していないのです。（子会社のサントリー食品インターナショナル〔2587〕は上場している）

「鍋にはミツカンの味ぽんがかかせないなぁ」。長期の株主で応援しようと検索してみると……出てきません。**ミツカン**も上場していませんでした。

「よく使っている売れ行きNO．1の**サラヤ**の製品の会社の株を買ってみよう！」と考え、株価を検索してみると……上場していません。

緑地を上手く活用しているビルの建設現場。看板に「竹中工務店」とあります。「老舗のゼネコンか。株を買えるかな」と検索するも……**竹中工務店**も未上場。

自分の顔にフィットし、耳も痛くならない**アイリスオーヤマ**のマスク。「何でもすぐに製品化できる会社だから、株を買ってみたい」。上場していません。

これらの企業は、いったい、なぜ上場しないのでしょうか？　上場するメリットとは、会社の知名度や信用力が高くなり、資金調達ができることです。創業者の立場でみれば、創業者利益をゲットできるでしょう。しかし、上場についてはデメリットもあります。まず、株主総会などで常に成長が求められ、株主からいろいろと提案が出され、情報開示などが必要です。また、上場時に創業者は株を放出する必要があり、創業者一族の影響度が弱くなることが考えられます。テレビ通販でおなじみの**ジャパネットホールディングス**（やはり非上場）の高田社長がインタビューで「上場したらジャパネットじゃなくなる」と答えていましたが、企業が独自性を保つ点が非上場とする大きな理由と言えるでしょう。

他にもある！　超一流企業なのに上場しない会社の例

ＪＴＢ、ＹＫＫ、ダイソー、ヤンマー、ヨドバシカメラ、ＪＣＢなど

株主優待は配当金とダブルで高い利回りも狙える

株主優待を目的に株式投資を行う人も

初心者の銘柄探しの一つに、「株主優待」があります。株主優待とは、株主になってくれた「お礼」として企業が配布するもの。配当金が、持っている株数に応じて会社の利益が分配されるものであるのに対し、株主優待は、会社の儲けに関係なく配られます。

株主優待は、モノであったりサービスであったりとさまざま。クオカードやお米券、自社製品を配布する企業もあります。

デパートやスーパーなら買い物割引券、飲食店なら食事割引券、航空会社や鉄道会社では乗車割引券も。スーパーの優待券を使えば買い物が安くなり、飲食店では安く食事ができます。航空会社やJRの優待割引など、帰省や旅行に使えばトクした気分になるでしょう。

オリエンタルランド［4661］であれば、東京ディズニーランドや東京ディズニーシーで利用可能なワンデーパスポートを配布しています。このように、使う人によっては便利なものが少なくありません。

株主優待を金額に換算し、配当金とダブルで狙えば、ひじょうに高い利回りになることもあり、一石二鳥です。それを目的にして株主投資を行う人もいます。

すべての企業が株主優待を実施しているわけではないので注意が必要ですが、魅力の大きい制度です。

株主優待をお得に活用しよう

▶株主優待の一例

ANA ホールディングス [9202]

100 株以上▶国内線優待券 1 枚、100 株ごとに 1 枚増
400 株以上▶国内線優待券 4 枚
グループ各社提携ホテルが(宿泊料金室料のみ 20%)割引

東日本旅客鉄道(JR 東日本)[9020]

100 株以上▶運賃料金割引券 100 株ごとに 1 枚
1000 株以上▶同じく 10 枚、1000 株超過分 200 株ごとに 1 枚増

九州旅客鉄道(JR 九州)[9142]

100 株以上▶運賃料金割引券 100 株ごとに 1 枚
1000 株以上▶同じく 10 枚、1000 株超過分 200 株ごとに 1 枚増

東宝 [9602]

100 株以上▶映画優待券 1 枚
500 株以上▶映画優待券 3 枚

サイゼリヤ [7581]

100 株以上▶優待食事券 2,000 円分
500 株以上▶優待食事券 10,000 円分

吉野家ホールディングス [9861]

100 株以上▶500 円の飲食券 4 枚
200 株以上▶500 円の飲食券 10 枚

日本マクドナルドホールディングス [2702]

100 株以上▶優待食事券 1 冊
300 株以上▶優待食事券 3 冊
500 株以上▶優待食事券 5 冊

株主優待は株主になっておく時期が重要

期末前までに目当ての株を仕込む

株主優待は、最低限の株式数など条件を満たせば誰でももらえますが、株主になってすぐにもらえる訳ではありません。決まった時期に株主になっていないと株主優待はもらえないのです。

多くの企業は、決算を締める期末や中間期末の時点で株主になっていた人に対してのみ配布します。そのため、株主優待をゲットするためには、買いを入れるタイミングがひじょうに重要です。

たとえば、9月期決算の企業「A社」の場合を見ていきましょう。A社は、株主優待を年2回実施しているとします。この場合、本決算の9月末日と、中間決算時の3月末日に、株主になっておく必要があります。株を購入するのは、3月末と9月末の直前が効率的です。

ただ、高額配当金や値打ちのある優待制度を実施している企業の場合、必ずしもこの限りではありません。株主優待の権利が確定する最終売買日前後、期末や中間期末は、株価がブレやすくなるので、買い時の見極めに注意が必要です。

また、株主として権利確定日に名簿に登録されるためには、3営業日前（権利付き最終日）までに株を購入する必要があります。その日までに購入しておけば、1日だけの株主でも問題ありません。

株主優待をゲットするには

たとえば9月30日が決算末日のA社。
株主優待と配当金をもらうには、3営業日前までに買っておく必要があります。

週末をはさまない場合

24日（土）	25日（日）	26日（月）	27日（火）	28日（水）	29日（木）	30日（金）
非営業日	非営業日	営業日	営業日	営業日	営業日	営業日

株主優待と配当金をゲットしたいならこの日までに買う

権利確定日

週末をはさむ場合

24日（火）	25日（水）	26日（木）	27日（金）	28日（土）	29日（日）	30日（月）
営業日	営業日	営業日	営業日	非営業日	非営業日	営業日

この日に買っても株主優待と配当金の権利はない

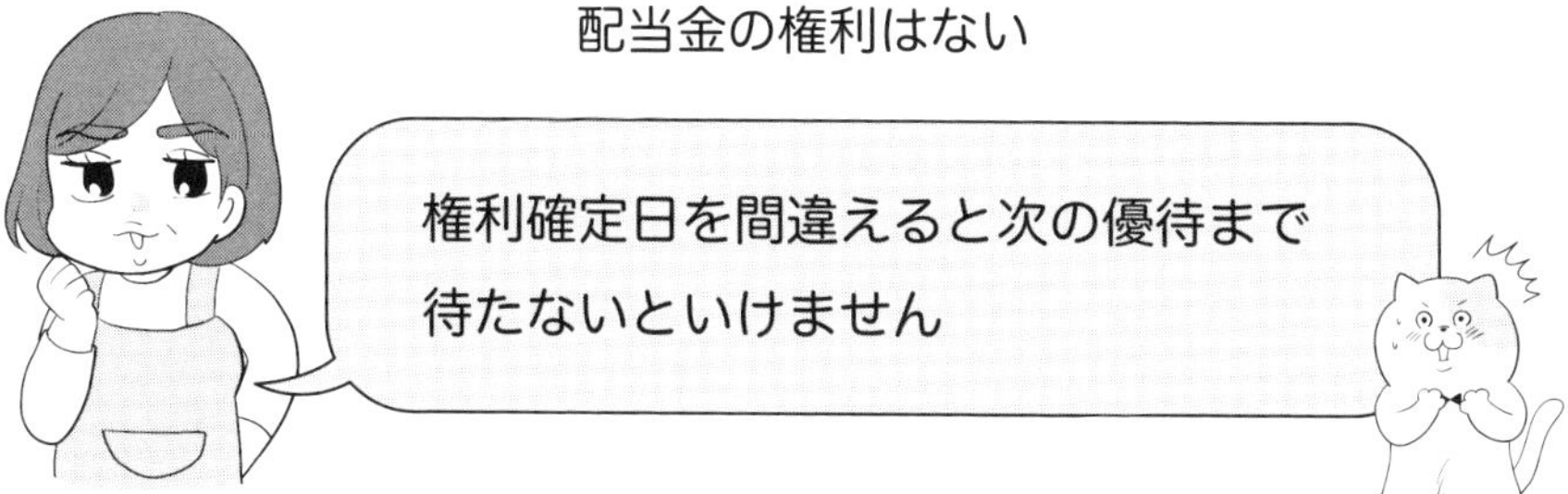
権利確定日を間違えると次の優待まで待たないといけません

株式投資のバイブル『会社四季報』でお宝探し

将来の見通しを必ずチェック

上場企業は3900社以上と、数多くあります。これらは、すべて証券取引所を通じて証券会社などの金融機関で買うことができます。しかし、これだけたくさんあると、どれを買っていいのか迷ってしまいますよね。

身の周りからネタを探し、知っている会社の株を買う場合でも、細かい情報を調べるなら、何か資料が必要です。そこで登場するのが『会社四季報』。東洋経済新報社が季節ごとに年4回発行し、上場企業全社の会社に関する最新の情報が掲載されています。創刊約90年を誇り、投資家必携の書となっています。

『会社四季報』でチェックしたいのは、業績動向です。ページを開くと、数字がたくさん並んでいますよね。それは、これまでの業績推移と、直近の決算、次の期と2年後の業績予想が掲載されているのです。こうした数字の変化から、利益が出て業績が好調なのか、それとも減益で不調なのかを調べます。

大切なのは過去の数値より「これからどうなるか?」。2期先の数字が良いか悪いかが最大の注目点になります。四季報発売直後に、この数字が大きく変化していた銘柄は、そこから株価が変動することが少なくありません。ですから、ここが心臓部になります。そのほか、業容のコメント、上位株主、資本金など財務状態——業績以外にも大切な情報が満載。バイブルといわれるゆえんです。

『会社四季報』のどこを見る？

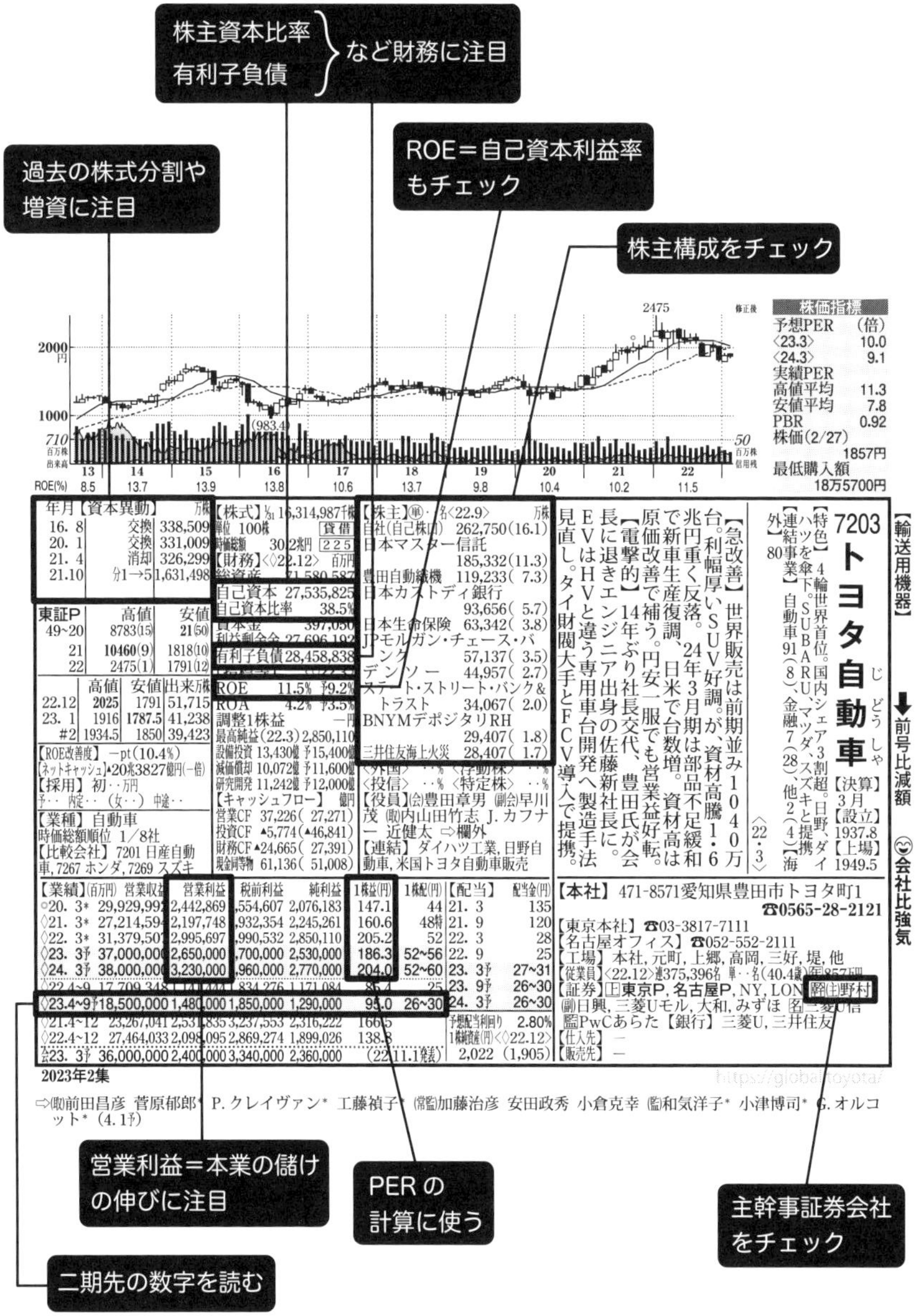

『会社四季報』で見るべき項目は？

営業利益は特にチェック

『会社四季報』を見るとき、業績の数字の何に着目すれば良いのでしょうか？　それは、基本の４つ。売上高、営業利益、経常利益、当期利益です。

売上高は、文字通り売り上げの数値。

営業利益は本業の儲けを表し、もっとも重要な分析項目と言えます。

経常利益は、営業利益に借金の利息や、配当金の受け取りなど、本業以外での利益や損失を加味した数値。

これに、税金や特別利益・損失を加えたのが当期利益です。

初心者のうちはこの４つに着目し、特に営業利益をチェックしましょう。

株価が上がる会社というのは、業績が好調であるほか、将来の収益に結び付く材料を持っています。『会社四季報』には、そんな材料が記載されていたりもするので、「お宝探し」ができるツールと言えそうです。

最初は、細かい数字がギッシリ詰まっているので、とっつきにくいかもしれません。しかし、逆に言えば、それだけ投資に必要な豊富な情報が掲載されているということ、またプロの投資家も必読しています。売買の時には「株式投資のバイブル」として常に手許に置いておきましょう。

『会社四季報』で見るべき4つの数字

売上高

利益を生む源泉であり、ここが伸びているかどうかで成長度がわかる。過去には「売り上げ至上主義」で規模の拡大をを追求する企業が多かったが、今では利益を重視する企業が多い。売り上げが減っても、リストラなどの効果で利益を出す企業もある。

営業利益

本業でどれだけ儲かっているかを示す。これが大きければ、儲かっている証拠。株価も高くなりやすい。ただし、売り上げが伸び悩んでいる場合、コスト削減で利益を上げた形になり、成長しているとは言えない。

経常利益

営業利益に営業外損益を加えたもの。たとえば、借金をしていれば利息を払うし、有価証券を持っていれば配当や利益をもらえるので、これら本業以外の損益を加えて、企業活動全体の1年間の姿を表す。以前はもっと注目されていたが、今では営業利益が主役となっている。

当期利益

経常利益に、税金やその期だけに特別に計上された利益や損失（工場を売って利益が出た、災害で被害が発生した、など）を加味して出す。

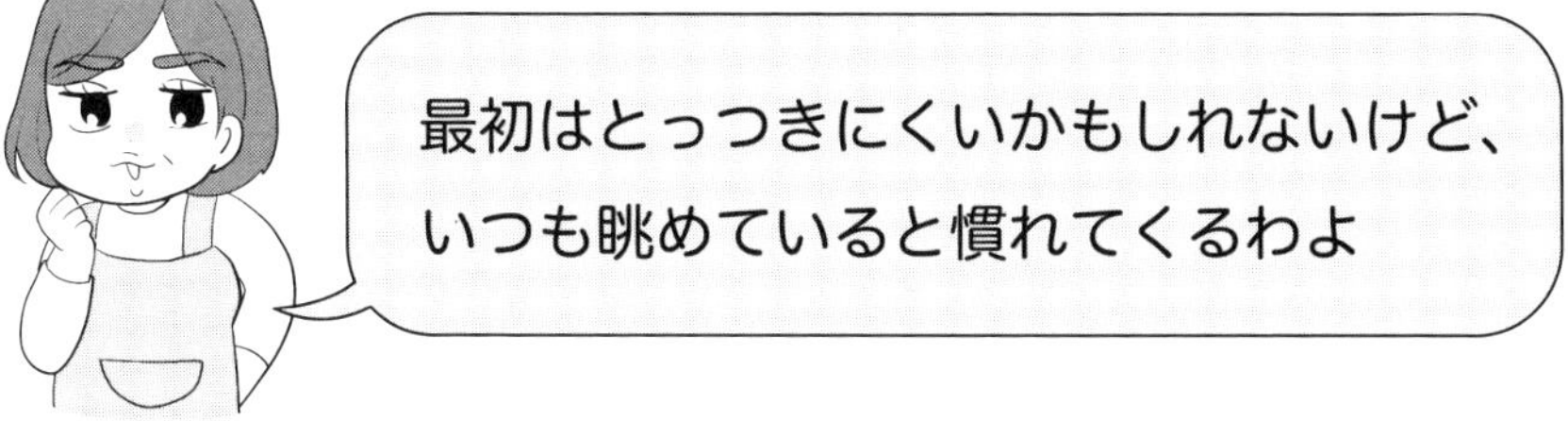
最初はとっつきにくいかもしれないけど、
いつも眺めていると慣れてくるわよ

株価指標「PER」「PBR」「ROE」に注目

株価水準を考えない投資はNG！

株価が上がり切った後に買ってしまい、株価が下がって売るに売れず、ずっと持ち続けて「塩漬け」状態——。人気がある銘柄だからと飛び付いてしまったために起こる悲劇。これは、株式相場の「あるある話」です。

原因は、買った銘柄が高い水準にある、割高に買われている、と気づかずに購入したこと。株価水準を考えずに投資したために起こったのです。こうした損を防ぐには、人気の株を購入する前に、株価指標をチェックする必要があります。

割高か割安かを判断する代表的な指標にPER《ピーイーアール》（株価収益率）があります。これは、銘柄の1株当たりの利益（EPS《イーピーエス》）に対し、何倍まで買われているかを示したもの。平均的なPERは12～15倍程度です。これより数値が大きいと割高、小さいと割安になります。中・長期投資なら割安の低PER銘柄を買うのがいいかもしれませんね。

PBR《ピービーアール》（株価純資産倍率）もとっても重要な指標。1株純資産の何倍まで買われたかを示しています。1倍を割ると、解散価値（仮に会社が解散したとして、株主に分配される金額）を下回るので、割安とみられることが多くなります。

どれだけ資金が効率的に使われているかをみるROE《アールオーイー》（自己資本利益率）も海外では注目されています。

株を買う時は株価水準に注目

PER《ピーイーアール》
(株価収益率)

$$\text{PER} = \frac{\text{株価}}{\text{1株当たりの純利益（EPS）}}$$

⇒利益に対してどれだけの株価が
買われているかを示す数字

PBR《ピービーアール》
(株価純資産倍率)

$$\text{PBR} = \frac{\text{株価}}{\text{1株当たりの純資産}}$$

⇒資産に対してどれだけの株価が
買われているかを示す数字

ROE《アールオーイー》
(自己資本利益率)

$$\text{ROE} = \frac{\text{当期純利益}}{\text{自己資本}} \times 100$$

⇒株主から集めたお金を使って
利益を生み出す時の効率性を示す数字

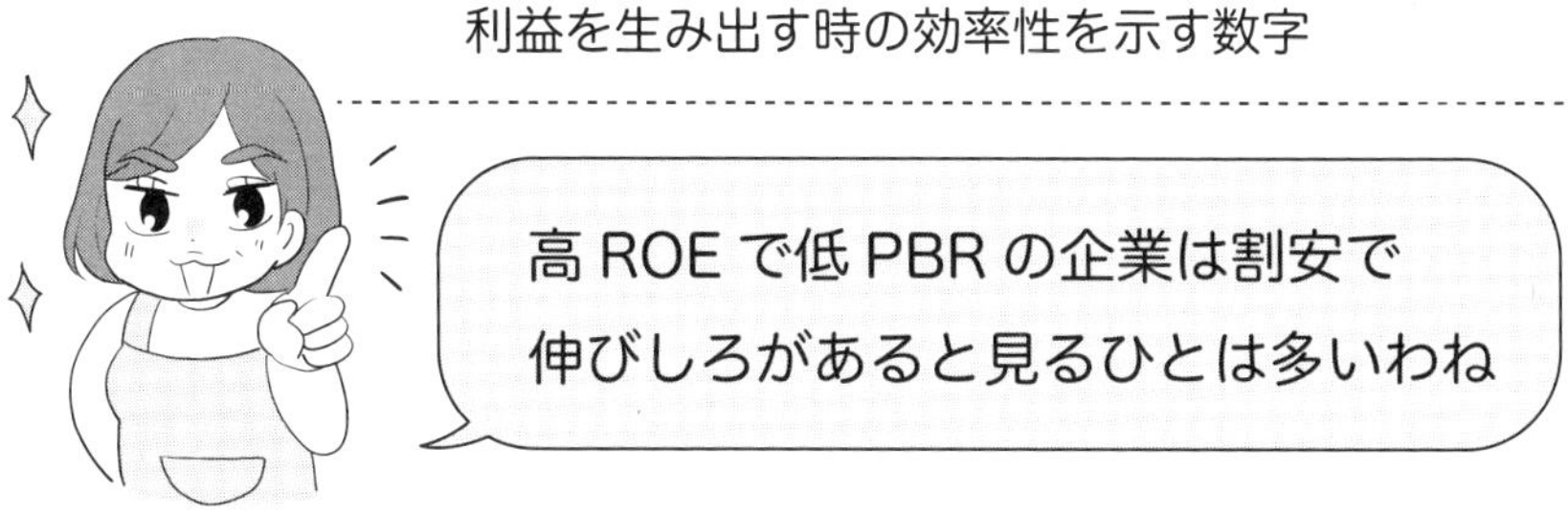
高ROEで低PBRの企業は割安で
伸びしろがあると見るひとは多いわね

株取引の中心は東京証券取引所

新たな3市場はプライム、スタンダード、グロース

株取引は証券取引所で行われます。日本では現在、札幌、東京、名古屋、福岡の4つの証券取引所があり、日々売買が行われています。なかでも日本株の商いがもっとも活発化し、取引の中心になっているのは東京証券取引所、略して東証です。

大阪証券取引所は、かつては東証と並んで、関西企業を中心に取引が活発に行われていました。しかし現在は、先物、オプションなどの派生商品を専用に取引する場に変わり、現物の株式の売買は行っていません。

かつての東証は1部、2部、ジャスダック、マザーズの4市場でしたが、令和になって市場改革が行われ、2022年4月よりプライム、スタンダード、グロースの3市場に変更しました。

プライムは国際的なビジネス社会に通用する企業群。上場する銘柄は厳しい基準のもとに選定され、流通株式時価総額100億円以上。まさに日本を代表する企業です。

スタンダードは国内ビジネスで確固たる地位を築く企業が中心。流通株式時価総額10億円以上。必ずしもプライムに比べて格下という訳ではありません。

グロースは成長性のある企業が中心。流通株式時価総額5億円以上の区分となります。

東証の上場企業は3区分

東証プライム市場

グローバルな投資家との建設的な対話を中心にした企業向けの市場

例

ファーストリテイリング［9983］
レーザーテック［6920］
日本郵船［9101］
トヨタ自動車［7203］
三菱UFJフィナンシャル・グループ［8306］
ソニーグループ［6758］
東京エレクトロン［8035］
キーエンス［6861］

東証スタンダード市場

公開された市場における投資対象として十分な流動性とガバナンス水準を備えた企業向けの市場

例

住石［1514］
ワークマン［7564］
日本オラクル［4716］
フェローテックホールディングス［6890］
東映アニメーション［4816］
千代田化工建設［6366］
日本マクドナルドホールディングス［2702］

東証グロース市場

高い成長の可能性を有する企業向けの市場

例

M&A総研ホールディングス［9552］
スカイマーク［9204］
ビジョナル［4194］
ANYCOLOR［5032］
monoAI technology［5240］
キャンバス［4575］
ウェルプレイド・ライゼスト［9565］

注文方法は2つ、指値と成行

自分のペースで買おう

証券口座を開設し、買う銘柄も決まったら、いよいよ購入しましょう。最初はよくわからないのでドキドキするかもしれませんが、ネット証券であればクリックするだけ、対面営業なら電話をかけるだけで注文完了。資金に余裕があっても、最初は「お試し」程度で5万円~10万円の少額から始めましょう。他人の投資方法は気にせず、決して無理せず、マイペースで始めることです。

さて、株を実際に注文する際の注意点として、注文方法に大きく2つあることを知っておく必要があります。

ひとつは「指値《さしね》」注文。自分の希望する値段で注文を出します。買う場合、それ以上の値段で買うことはありません。

もうひとつは「成行《なりゆき》」注文。言葉通り、成り行きにまかせ、値段の指定はしません。

成行注文は指値注文に勝り、買いやすいのですが、時にとんでもない高値で買ってしまうことも。反対に、指値注文は買う値段が高くなることはありませんが、なかなか買えない、というケースも生じやすくなります。

マンガでは成行をすすめましたが、理由としては、少し損をしてもタイミングよく買うことが重要だからです。

指値と成行

A 社の株を買いたい

たとえば……
現在の A 社の株価
1,000 円

A 社の株が
今すぐ欲しい

A 社の株を少しでも
安く買いたい
たとえば 990 円で

成行注文

成行で 1,000 円
で買う

指値注文

「990 円で売ってもいい」
という人が現れるまで
待って 990 円で買う

株を発注するとき、成行か
指値を選んでね

リスクを分散して買う

資金と時間を分散するのがコツ

株の購入に慣れてきたら、今度は投資金額を増やす段になります。ここで買い方をちょっと工夫すると、利益に差が出てくることもあります。紹介するのは、「複数銘柄の購入」「時間分散」「複数単元株投資法」の3つ。資金と時間を分散し、リスクをマネジメントするのが目的です。

まず実行して欲しいのは資金の分散。複数銘柄を購入しましょう。ひとつの銘柄に集中投資すると、読みが当たった時はいいですが、外れると損失が大に！　リスクを抑えるため、複数の銘柄を購入してリスクを分散させます。

そして、時間分散。株価は常に変動しますが、同じ銘柄を、タイミングをずらして購入すれば、平均の買いコストを下げられる方法です。

おすすめなのは、複数単元株投資法です。これは、同じ銘柄の単元株を複数買う方法。株が上がると、売ったほうがいいのか迷うことがあります。複数の単元株を持っていれば、半分だけ売って先に利益を確定しておくのです。その後、株価が下がっても、最初に半分だけ利益を確保しているので、最終的に損失が出にくくなります。複数単元株投資法は、さらに詳しく次で解説しましょう。

リスクを分散して投資しよう

「卵はひとつのカゴに盛るな」

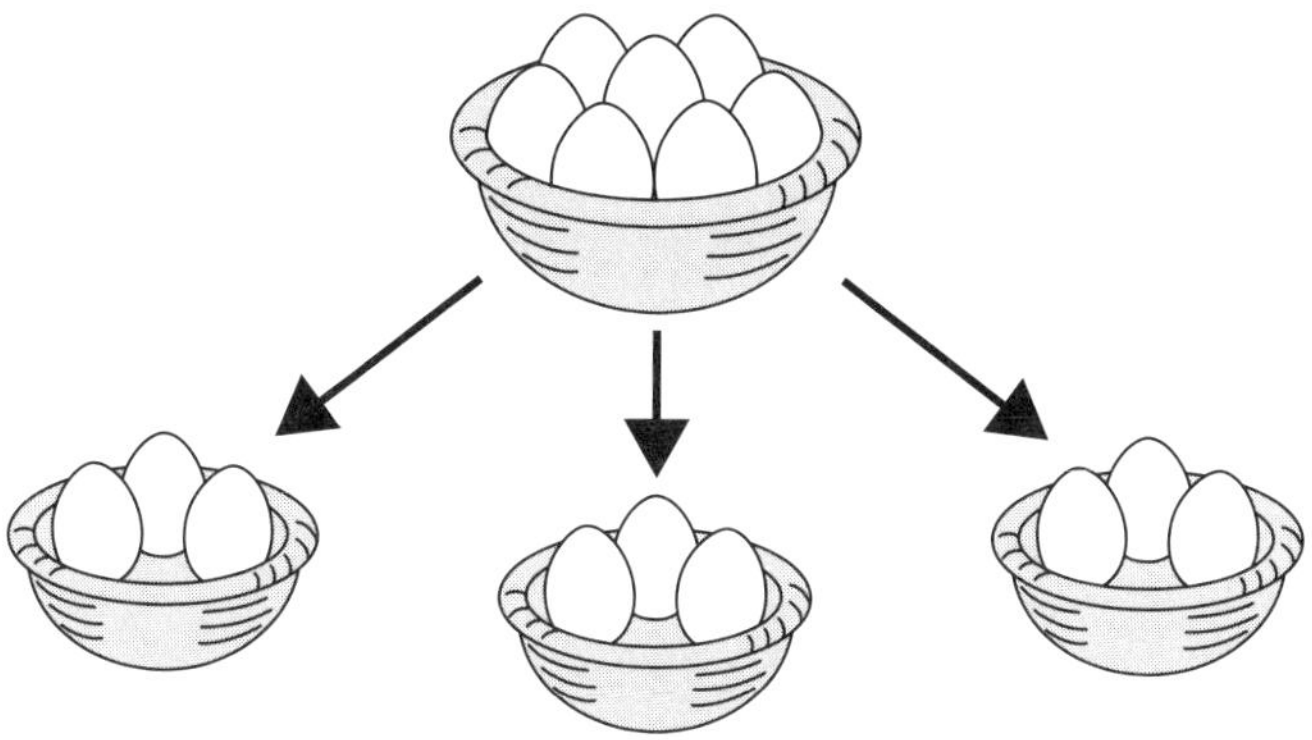

時間と資産の分散をしよう！

❶複数銘柄の購入
❷タイミングをずらして同じ銘柄を買う
❸複数単元株投資法

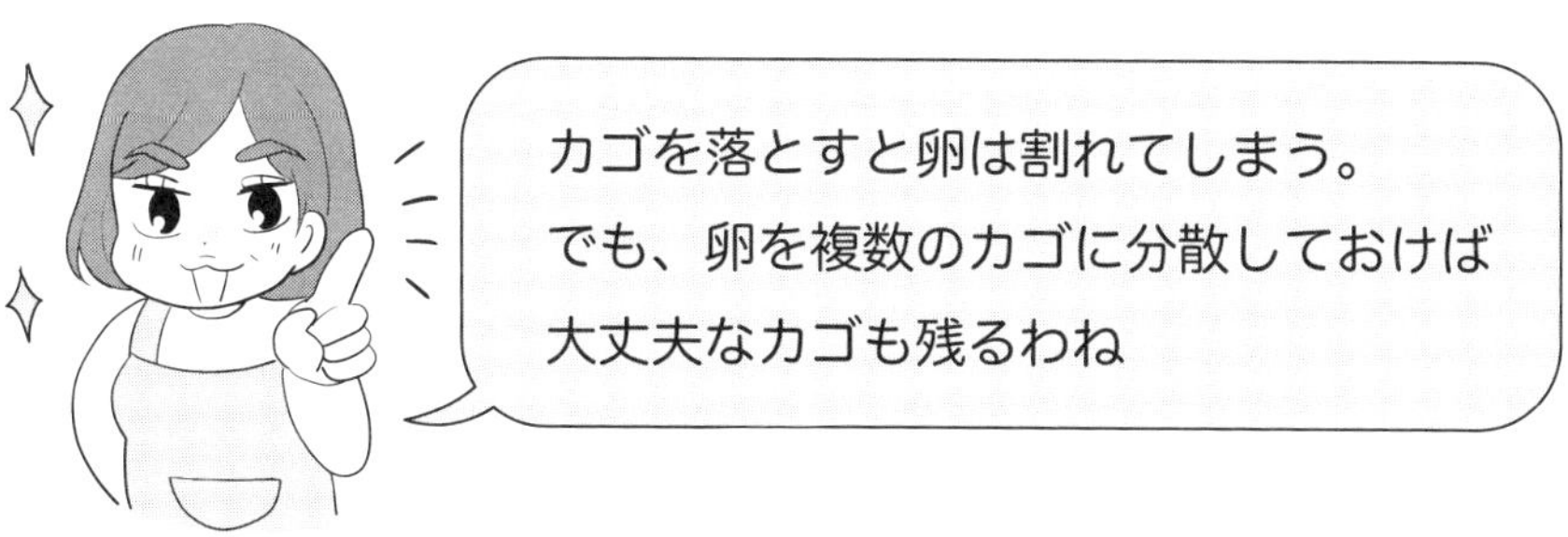
カゴを落とすと卵は割れてしまう。
でも、卵を複数のカゴに分散しておけば
大丈夫なカゴも残るわね

株価が上昇した時に迷わないための複数単元株投資法

100株ずつではなく200株以上購入する

多くの個人投資家に投資法を聞くと、「100株ずつ幅広く銘柄を買う」という人が多いようです。リスク分散という観点から、たくさん銘柄を買うことは間違いではありません。しかし、最低単元の100株で止めるのは最良の手法ではないのです。100株しか保有していない場合、上昇した際に、売るか持ち続けるか、迷いが生じてしまうからです。決断が鈍れば、売っても売らなくても後悔することが多くなります。

私が初心者を中心とした株式投資教室や講演会の講師を務める時、必ず買い方として取り上げるのが、この複数単元株投資法です。

200株以上の複数単元株で保有していれば、売るかどうか迷う場面で「売る」「ホールド」だけではなく「半分だけ売る」と、選択肢が広がります。上昇した際の迷いをなくすためにも、購入する時には複数単元株を買うようにします。

たとえば、1000円の株を200株買って、2倍の2000円に上昇した場合、半分売れば、20万円の利益が確定します。もし残り100株が買い値を下回っても、トータルで利益を確保しているのと同じことになります。

複数単元株投資法を活用すれば、投資手法の幅が広がります。

複数単元株投資法

たとえば……

1,000円の株を200株買ってみる

1,000円×200株＝20万円

↓

20万円の投資

株価が上がって2,000円になった！
株を売って利益を確定しよう！

この時、200株全部売るのではなく、
半分の**100株だけ**売ってみるのよ

2,000円x100株＝20万円

↓

100株売却して20万円ゲット

最初に買った分の資金は
回収できた！

そして手元には100株残っている！

この残りの100株が
まるまる儲けよ！

初心者向けならETF投資もおススメ

上場しているので買うのがカンタン

上場する企業は3900社以上。その中から個別の株を選ぶのはなかなか骨が折れるものです。そこで、初心者におすすめなのがETF《イーティーエフ》です。

ETFとはExchange Traded Fundsの略で上場投資信託のこと。数多くのETFが、個別企業の銘柄のように、証券取引所に上場しています。日経平均株価や東証株価指数(TOPIX《トピックス》)など、特定の指数の動きに連動する運用成果をめざしているのが特徴です。

ETFに似ているのが投資信託ですが、ETFと違って上場しておらず、プロが運用する金融商品。一方、ETFは証券取引所で取引されており、株と同様に市場でリアルタイムで値動きします。日経平均株価やTOPIXなどの各指数に連動し、指値や成行で注文できます。このため、ETFはわかりやすい投資対象として注目されています。

なかでも日経平均株価に連動するタイプのETFはわかりやすく、初心者の投資対象として最適です。日経平均株価は日本経済全体の動きを反映しているうえに、テレビのニュースなどでもカバーしているので、日々の値動きが追いやすい指標。価格とともに経済ニュースを毎日確認すれば良いのです。個々の銘柄を買う場合と違って、個別の企業に関するニュースをチェックする必要もありません。

日経平均連動型ETFとは

日経平均チャート

出所：「株探」（https://kabutan.jp/）

日経平均の銘柄例	
ファーストリテイリング	[9983]
東京エレクトロン	[8035]
ソフトバンクグループ	[9984]
ダイキン工業	[6367]
KDDI	[9433]
ファナック	[6954]
テルモ	[4543]
信越化学工業	[4063]
アドバンテスト	[6857]
京セラ	[6971]

日経平均連動 ETF の一例	
iFreeETF 日経 225	[1320]
NEXT FUNDS 日経 225 連動型上場投信	[1321]
上場インデックスファンド 225	[1330]
MAXIS 日経 225上場投信	[1346]

株ママ POINT 5

10倍株を見つけるには？

株式入門書や投資雑誌の記事では、「テンバガー」という言葉をよく目にします。ウォール街の株式投資で、買った株が10倍株（大化け株）になることです。

10個積み上がったハンバーガーをイメージしそうですが、もともとは野球用語で、「バガー」は塁打のこと。一試合で10塁打《テンバガー》を記録する、という表現から、株価が10倍まで急騰するたとえです。株式投資をしていてそんな銘柄に巡り合えれば、これほど嬉しいことはないですよね。

そこで、株のお姉さん流「テンバガー株の見分け方」をリストアップしました。

【経営者をチェック】

○できればオーナー経営者が望ましい。経営者自身も大株主で会社に思い入れもあり、会社の利益を誰より考えている。

○経営者の顔が見えることも重要。経営者の顔写真がいたるところで掲載され、ご自身の言葉で独自の企業理念を発信している。
○経営者自ら、アナリストや証券会社の担当者と面談していること。

オーナー経営者の場合、経営判断を即決できて良いのですが、いずれはワンマン経営になりがち。会社にイエスマンしか残らず、結局「裸の王様」となり、構造改革がしにくくなります。ソニーGもホンダも元をただせばベンチャー企業で、テンバガーとなった訳ですが、いずれも共通しているのは、完全な独裁ではなかったこと。ソニーGは井深大氏と盛田昭夫氏、ホンダは本田宗一郎氏と藤沢武夫氏といったように、優れた技術者に優れた金庫番がともに発展させているような企業が理想です。

【IR・広報をチェック】
○IR・広報担当者がしっかりしていて、プロの担当がいること。

IRとは、インベスター・リレーションズのことで、株主や投資家に投資判断に必要な情報を提供する仕事。ＩＲ活動が活発な会社は株価に反応します。彼らは会社の顔であると同時に、決算発表後に個人投資家や機関投資家などにしっかりアナウンスする役割。ＩＲ・広報担当者がすぐに辞めてしまう会社は、将来性はないとみていいでしょう。なぜなら彼らがすぐ辞めるということは、ダメだと見切りをつけている証拠と言えるからです。

【市場での価値をチェック】

○時価総額が比較的小さく、上場して数年以内のグロース市場で、売り上げが３倍以上に膨れ上がるような期待を秘めている。

○その業界に市場規模の数字が読めること。経営者の企業理念が決して「夢物語」の独りよがりではなく、その業界の市場規模の数字がはっきりと見えること。

【企業内容をチェック】

○世の中のお困りごとをきちんと捉えてビジネス化していること（たとえばリクルートやアクセンチュアなどのコンサルティング会社出身の経営者は特に強い可能性があります）。

○ビジネスが時世に合っていること、将来必要とされる業態に変化できること。
○サクセスストーリーがきちんと描けること。
○ニッチな業態かどうか、他社との差別化や独自の魅力があるか。

こうした点に着目して、私は企業インタビューを行い、これまでテンバガー銘柄を発掘してきました。

株のお姉さんが見抜いた具体的な企業名

●弁護士ドットコム〔6027〕
●チェンジホールディングス〔3962〕
●レノバ〔9519〕
●レーザーテック〔6920〕
●フェローテックホールディングス〔6890〕

将来の「テンバガー株」を目指して企業を応援して長期投資すること。これこそが株式投資の夢であり、醍醐味でもあるのです。

PBR1倍未満の企業銘柄

2023年1月、東京証券取引所は「市場区分の見直しに関するフォローアップ会議」を公表して、上場会社の資本コストや株価・時価総額への意識改革などを促し、改善に向けた取り組みを促進すると掲げました。具体策として、PBR（株価純資産倍率）が1倍未満の企業に対し、企業価値を高める取り組みや進捗状況を開示するよう強く要請したことが材料になっています。

「PBR1倍割れ」とは、株式時価総額が純資産額を下回っていること。その企業が純資産以上の価値を生み出さないと考えられていることを意味します。

【PBR 1倍割れの業種例】

銀行業
証券商品先物
保険業
その他金融業
紙・パルプ
鉱業
鉄鋼
石油・石炭製品
金属製品
非鉄金属
電気・ガス業
繊維製品
ゴム製品
建設業
輸送用機器
倉庫運輸関連

step

3

株を
売ってみよう！

利益確定と損切り

用意するもの

● パソコンかスマートフォン

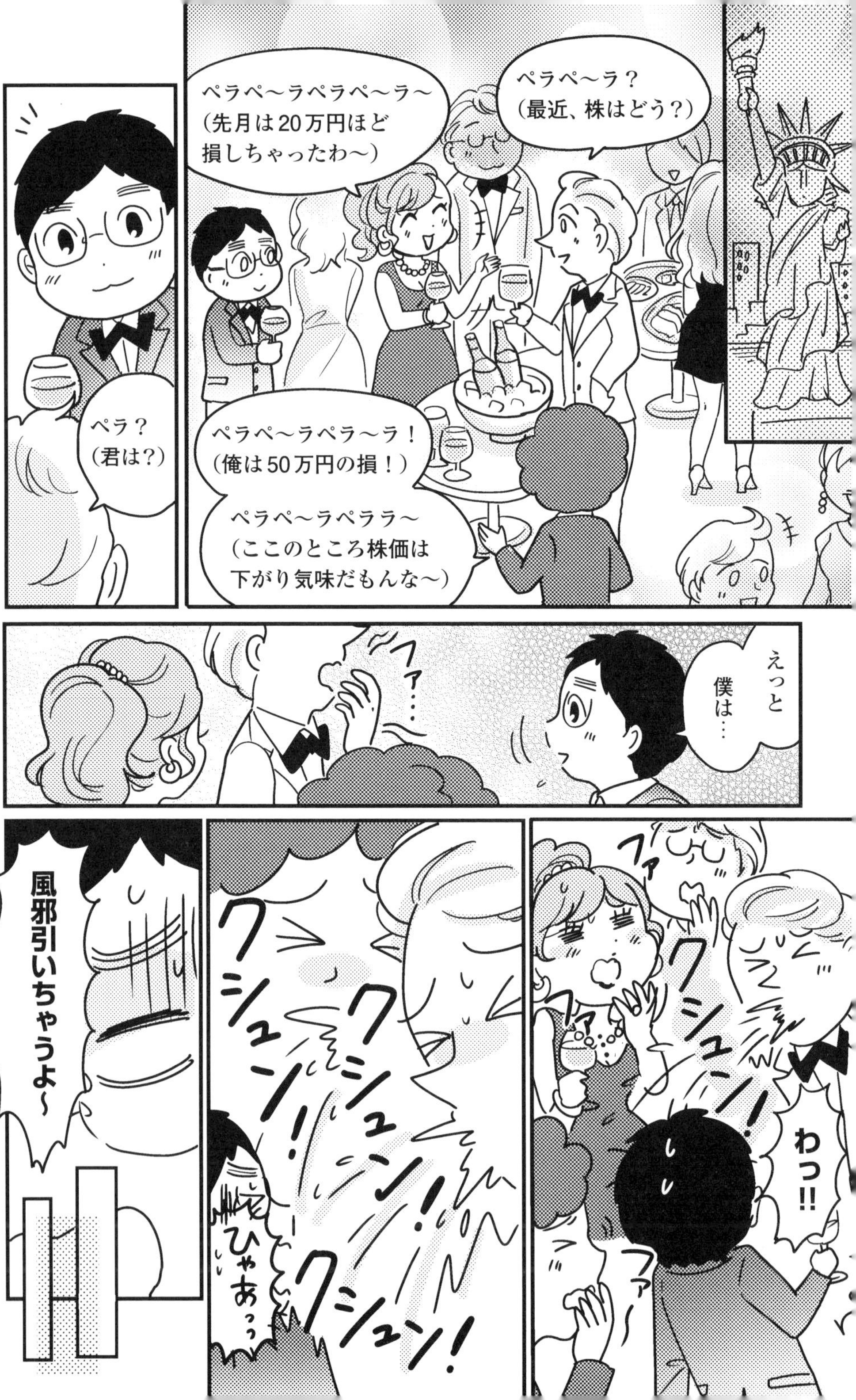
ペラペ〜ラ？
（最近、株はどう？）
ペラペ〜ラペラペ〜ラ〜
（先月は20万円ほど損しちゃったわ〜）
ペラペ〜ラペラ〜ラ！
（俺は50万円の損！）
ペラペ〜ラペララ〜
（ここのところ株価は下がり気味だもんな〜）
ペラ？
（君は？）
えっと僕は……
ファ…
ファ
クシュン!!
わっ!!
ファ
ファー
クシュン!!
クシュン!!
クシュン!
ひゃあっっ
風邪引いちゃうよ〜

ハッ
ヤバ
モーサテ始まっちゃう
ス
学
術
道
シュッ
シュッ
パッ

ニューヨーク株式市場…
シャコ
シャコ
…
終値は…
その調子よ
我が息子よ
数日後
息子は人生で初めて株を購入した
投資額は10万円
ニューヨーク市場が安い日をねらい「成行」で注文
ピ
よ よし
買いだ！
「幸運の女神の前髪」には少しだけ手が届いたようだった

その日から息子は株価のチェックが日課となった
数週間後
母ちゃん! ボクの買ったmotaの株が値上がりしてる! 5万円が約2倍になった〜!! 2つ買ったから10万円が20万円!
ダッ
さすがビギナーズラックだね
この調子で値上がりすればいくら儲かるんだろ〜♫
40歳でFIREできちゃうかも!
ウヒョヒョ〜♫
ニャアー〜

売っちゃいな!
ええっ!?
できない! もったいない!
だってこれ30万円になるかも!
チッ チッ チッ
ブル ブル
やっぱりお前は凡人だね
親の顔が見たいわ
目の前にいるけど…
いいかい

株ってのはね
売らなければ
利益は確定
しないんだよ
そ
それは
そうだけど…
わーい!!
株
¥
証券会社
株価が上がって
この調子で
値上がりすれば
いくら儲かるんだろ〜♪
って実感しても
ウヒョヒョ〜♪
ニャ…
売って現金化しないと
本当に儲かったことにはならないんだ
わかったから
マネやめて…
大抵の凡人は
こう考える
株は
買うのが
難しい…!
どの株を
買えば
いいの?
でも…
凡人じゃ
なくても
フツー
そうなんじゃ
ないの?
ピク!

株の世界では
買うより売る方が
100倍
難しいんだよ!!
STOCK
IPO
ETF
+777
ADR
MARKET
売り方を学ばないと
儲かりもしないし
損に歯止めも
かけられないよ
あ〜れ〜
売り方を心得て
一人前なのさ!
ビッ
わ
わかりました〜

じ…じゃあ全部売…る…
そ〜…
待ちな!
「複数単元株投資法」で5万円分の株を2つ買ったのよね
あそうだった
10万円
5万円
株
5万円
株
10万円
株
10万円
株
半分だけ売ればいいんだっけ?
YES!
10万円
株
1つ残して1つ売る
買った元手の5万円分を残して余ったお金は好きなことに使う
自分にごほうび!
お〜!
①2つ買う
10万円
5万円
株
5万円
株
②株価が上がる
10万円
株
10万円
株
全部売れば
10万円のもうけ
③売る
10万円
株
1つ売る
10万円
株
バイバイ
1つ残す
④①で買った分を残す
残す
10万円
10万円
残った分が
ごほうび!!
⑤これぞ「複数単元株投資法」!
利益
5万円
10万円
株
もし5万円に下がっても元手の10万円は回収

↓単利だと毎年同じ金額の５万円ずつ増えていく。４年後の合計は120万円。

ポン!
冷静になれ!
「欲張るな!」
わ!!
いいかい よ〜く 覚えときな 欲をかきすぎると ろくなことはない
ヒラ ヒラ
コク コク
ヒラ
それは知り合いの強欲じいさんのエピソードさ

ごーよくじーさんの大後悔
エピソード①
かなり利益が出てるから売りましょう
若い頃のかーさん
株
売らん! もっと上がる!
売った方がいいですよ
やーなこったい!
売らんったら売らん!
売るなら今です!!
プイ!
しつこい!
ーそしてー
暴落した〜 売ればよかった〜
羊
だから言わんこっちゃない
ふっとんだ利益は2,000万円!

わかった〜
こうはなりたくない〜
たとえちょっとばかり増えたとしても授業料さ「頭と尻尾はくれてやれ」だよ
授業料さ
？
どういう意味？
こういうこと！
この図をしっかりと頭にたたきこんでおきな
ビッ
売る
売れない？
頭
買う
尻尾
買えない？
そっか車の運転に例えると
走りやすいけど高い高速道路と安いけど走りにくい道路は避けるってことだね
面白いこと言おうとしてるけど今回は例えになっとらん
座布団はやらん
チッチッチッ
やっぱダメ…？
ってことで…
スッ

売〜れ
売〜れ
フウォ!
売〜れ
フウォ!
売〜れ
売〜れ
フウォ!
売〜れ
ううう…
売〜れ
カァ〜
た〜〜〜〜〜〜〜っ!!
ピ

息子は見事に売り抜けてしっかりと利益を出した
そして…
焼肉
ジュジュ苑
半
半
息子は一つオトナになった
ザザーン…
初めて利益が出た記念だからジャンジャン食べて!
母ちゃんのおかげだよ
うれしいこと言うね〜
じゃあシャトーブリアンと壺漬けハラミ追加で
ジュ〜
パク
パク
しかし
数週間後
株の世界はそんなに甘いものではない
バーミニャン
ランチ
サラダ
バ
付!

へ～
さっそく利益を出したんだ やるな～
ビギナーズラックだけど がぜん やる気がわいてきちゃった
うん うん
ん？
もぐ…
どうしよう！
母ちゃん 今度は下がった～!!
ん～
ニャ！
ムギュッ

※「損切り」「ロスカット」って言うよ

ロスカットした場合
いったん売ろう
株
10万円 ↓ 9万円
手元に
9万円
損は1万円
大体の人は9万円で売れないけどね
よし買い戻そう
手元の
9万円
のうち
8万円
9万円 ↓ 8万円
手元に8万円の株と残りの1万円
株
1万円
この時点で損は1万円
上がった!
株
9万円 ↑ 8万円
儲けは1万円
手元に8万円の株と1万円
1万円
この時点で損は無し
8万円が9万円に戻るには
そこまで時間がかからない!?
ロスカットしなかった場合
下がったけどまた上がるかも…
10万円 ↓ 9万円
株
う!
もっと下がった〜!
9万円 ↓ 8万円
株
もう売れないよ〜
含み損2万円
キミも仲間じゃ
クイクイ
これを塩漬け株という
株
なかなか元の値段にもどらない〜
↑ 9万円 ↑ 8万円
株
10万円が8万円に下がった時
10万円に戻るには時間がかかる!?

どうだい？
売らないと強欲じいさんの仲間入りだよ
おいで〜
そ
それはヤダ…
ロスカット…損切りするよ
スパッと損切りできる人ほど運用成績がいいのさ！
スパッ
損
そっか
車の運転にたとえると…
……
もん
もん
……
思いつかなかった…
座布団返しな
ってことで…
スッ

売～れ
売～れ
売～れ
フゥオ！
売～れ
フゥオ！
売～れ
フゥオ！
売～れ
損切り…
損切り…
損切り…
踏ん切りつけろ～
カア～
た～～～～～っ!!
ピ

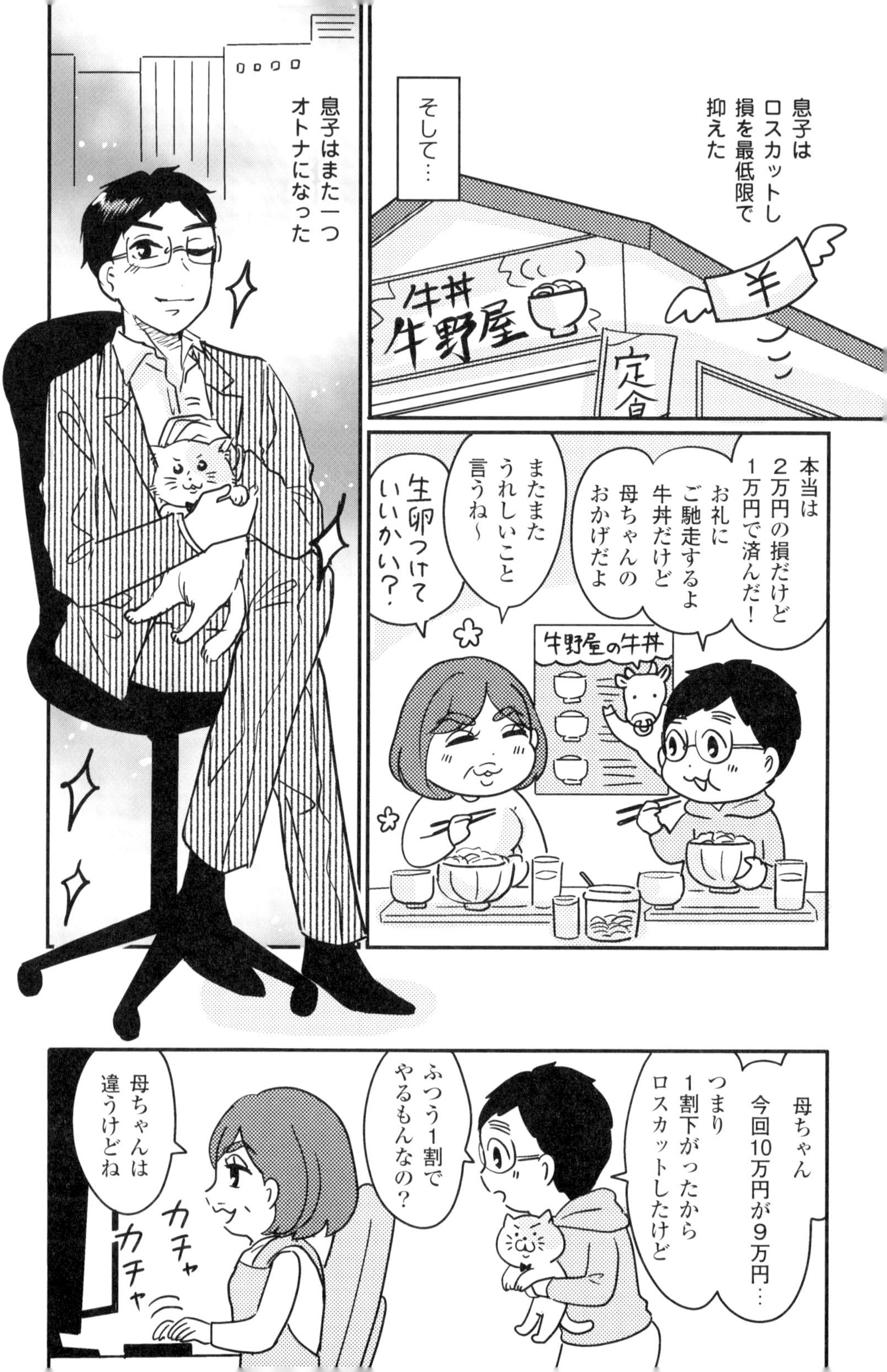
息子は
ロスカットし
損を最低限で
抑えた
そして…
牛丼
牛野屋
定食
本当は
2万円の損だけど
1万円で済んだ！
お礼に
ご馳走するよ
牛丼だけど
母ちゃんの
おかげだよ
またまた
うれしいこと
言うね～
生卵つけて
いいかい？
牛野屋の牛丼
息子はまた一つ
オトナになった
母ちゃん
今回10万円が9万円…
つまり
1割下がったから
ロスカットしたけど
ふつう1割で
やるもんなの？
母ちゃんは
違うけどね
カチャ
カチャ

あんたは今株式の勉強を始めたばかりの凡人なんだから凡人は1割下がったら売るなど「マイルール」を作りなさい！
ビッ
凡人凡人言わないで〜
いい？何度も言うけど
成功している投資家はロスカットが上手いの
これはロスカットに慣れる訓練なのよ
SUCCESS
で！
レベルが上がり…
偉人
賢人
傑人
ゴゴゴゴゴ
…ランクになったら自分でルールを決めればいいわ
わかったジョ……
なんかゲームみたい……
じゃあ利益確定も1割を目標にしておけばいいの？
売り？
5万円
株
5.5万円
株
NO!
またくす玉!?
クイ

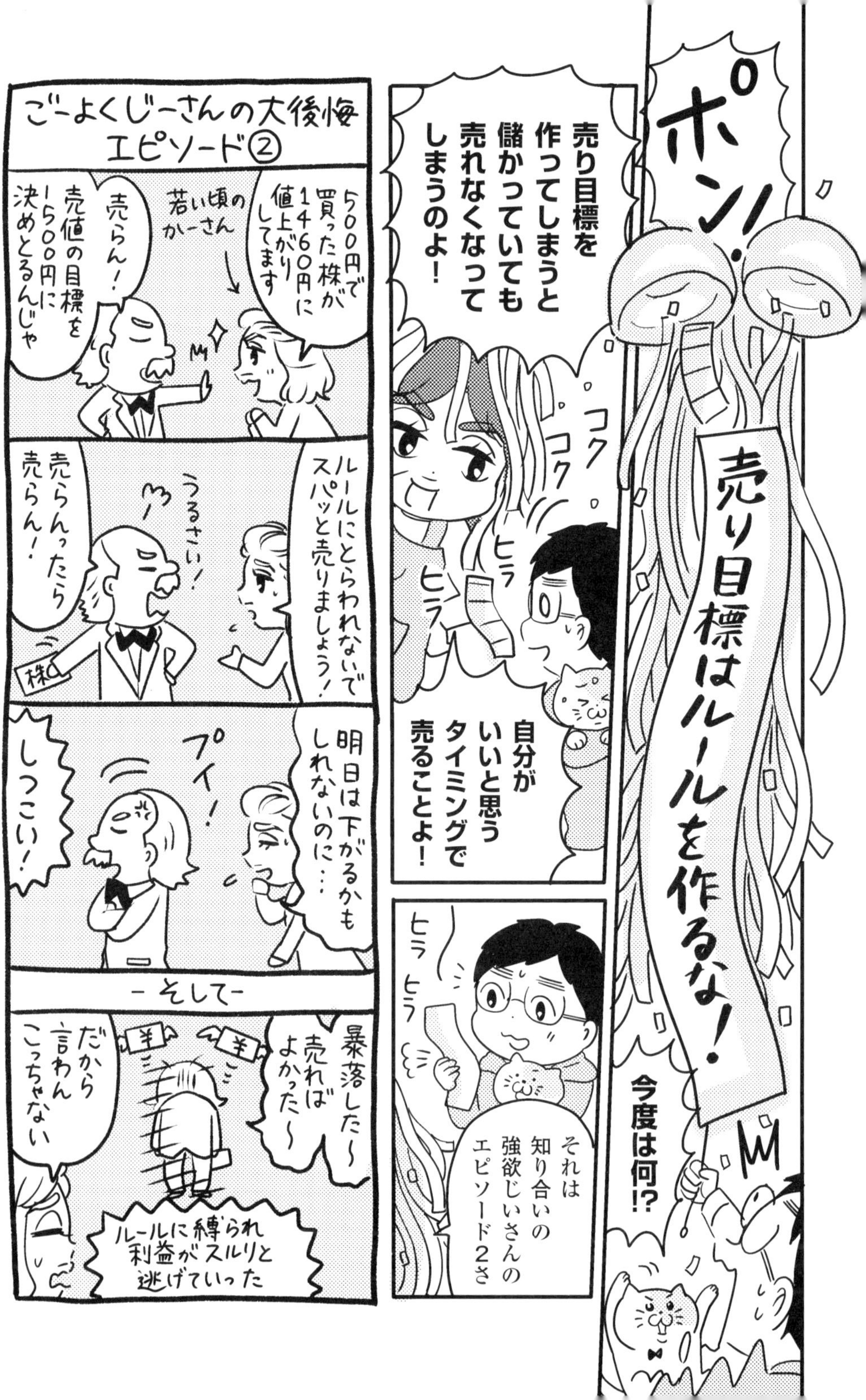
ポン!!
売り目標はルールを作るな!
今度は何!?
売り目標を作ってしまうと儲かっていても売れなくなってしまうのよ!
コク
コク
ヒラ
ヒラ
自分がいいと思うタイミングで売ることよ!
ヒラ
ヒラ
それは知り合いの強欲じいさんのエピソード2さ
ごーよくじーさんの大後悔エピソード②
500円で買った株が1460円に値上がりしてます
若い頃のかーさん
売らん!
売値の目標を1500円に決めとるんじゃ
ルールにとらわれないでスパッと売りましょう!
うるさい!
売らんったら売らん!
株
明日は下がるかもしれないのに…
プイ!
しつこい!
ーそしてー
暴落した〜
売ればよかった〜
だから言わんこっちゃない
ルールに縛られ利益がスルリと逃げていった

また清水の舞台から飛び降りる覚悟がいるのか…
うう…
ズイッ
心が弱い場合は他の方法もあるわよ
ロスカットや利益確定を自動売買（AI）でやる方法もあるわよ
そんなのがあるんだ！
どうする？
さあさあ
清水か？AIか？
さあ！さあ！
どうする？
さあ！！さあ！！
どうする？
ニッ
じ 自分でやってみる！
「偉人」「賢人」「傑人」目指してがんばる！
よく言った！それでこそ我が息子！
イヨ〜
ってかプレッシャーかけすぎじゃん。

「売り目標」を作らないのが売り方のコツ

株価が予想通りに動くことはない

株を買ったは良いが、売るタイミングがわからない――大多数の個人投資家はそう思っているでしょう。私は、企業を応援するつもりで株を「長期保有」することをおすすめしていいます。だからと言って、何十年も保有し続けて売らないままだと、利益を確定することはできません。

そこでこの章では、初心者マークの皆さんに向けて、まずは株の売り方の全体像をお伝えしたいと思います。

もっとも伝えたいのは「売り目標」を作らないこと。そもそも余裕資金で運用しているのであれば、いつ売ってもいいはず。常に株価の動きを観察して、相場に聞き、「売り時」を判断するのです。なぜならば、売り目標をあげてしまうとその株価に到達するまで売らなくなるからです。しかも、売り目標以上値上がりしても持ち続けられず、売ってしまうのです。株価が予想通りに動くことはまずないので、臨機応変に対処することが重要です。

「会社内容が良い銘柄ほど、株価が上がっても売らずに辛抱する」「買ったがダメだと思った銘柄はスパッとロスカットすること」。これらを実践するだけでも投資の成績は変わると思います。そして、避けたいのは「良い銘柄なのにすぐ売って利益を取ってしまう」「ダメな銘柄をロスカットせず、塩漬けにしてしまう」ことです。

株は買った値段より高く売る

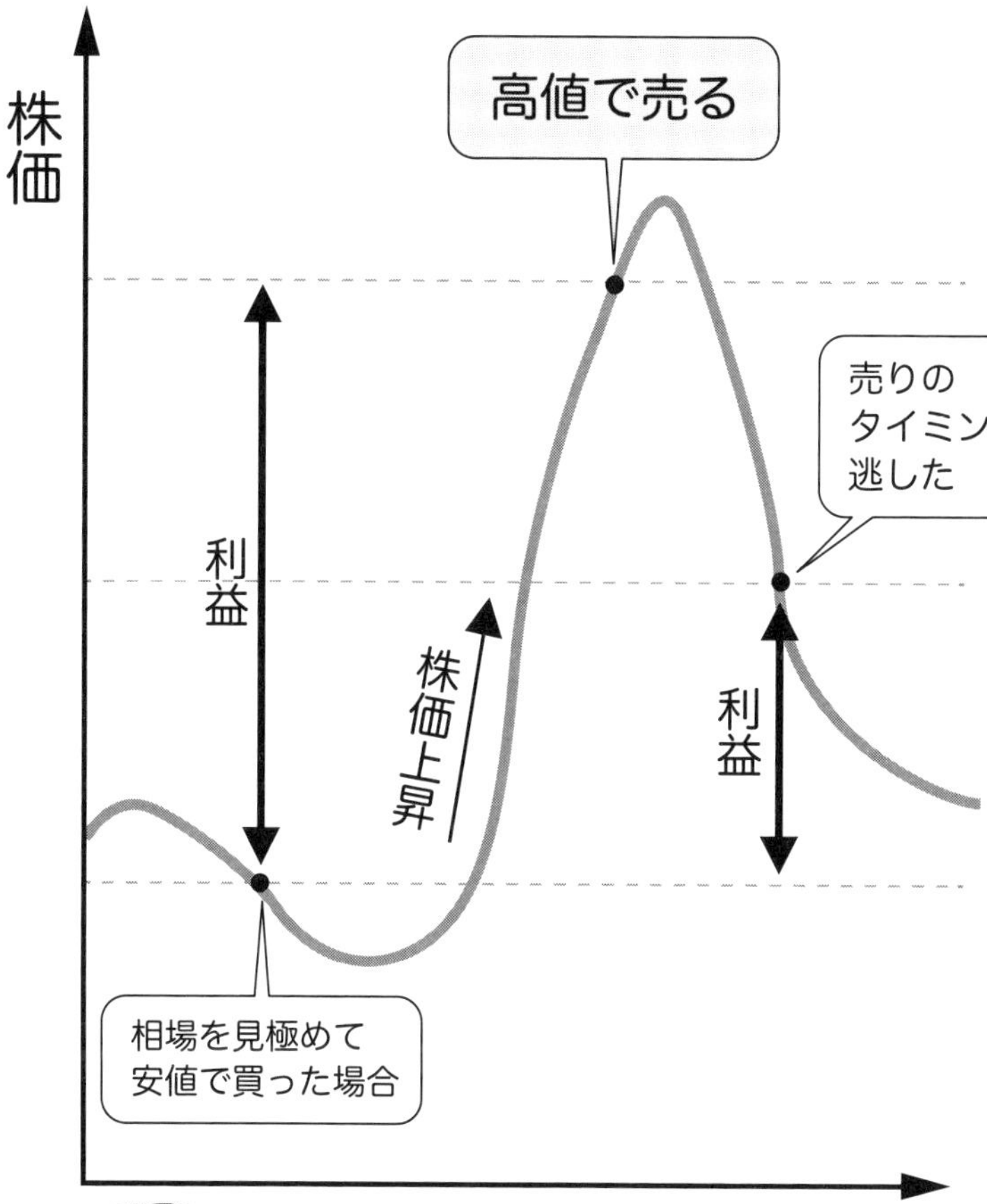

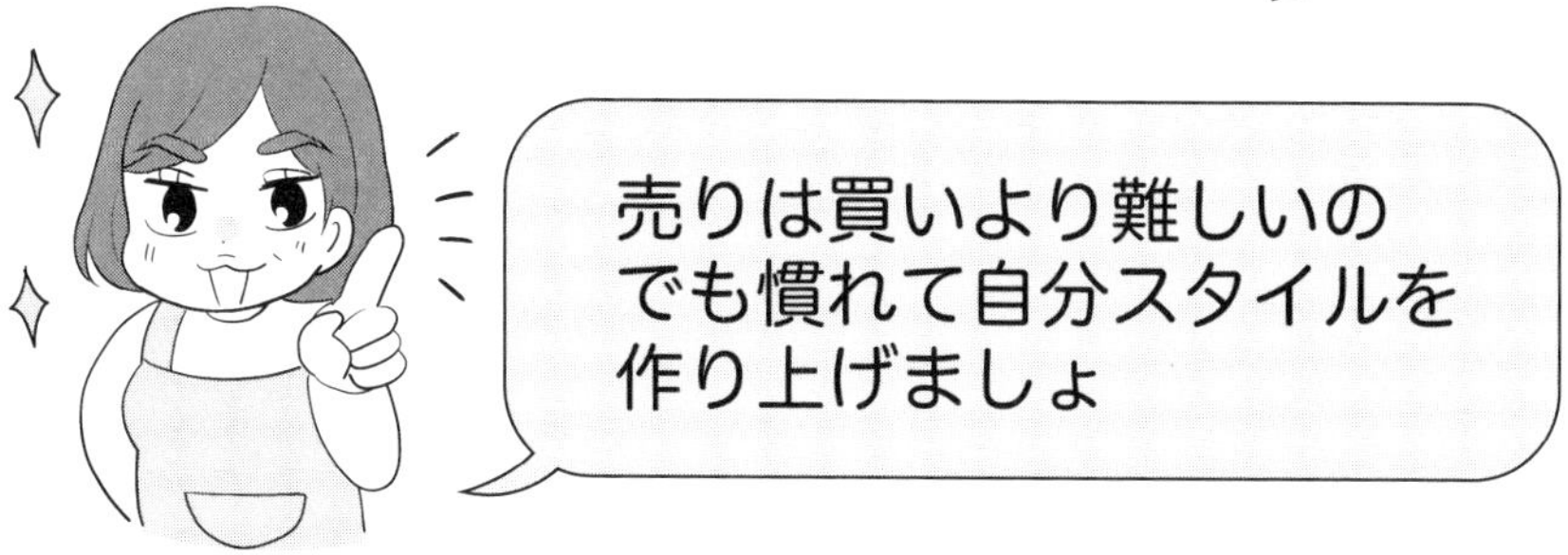

売って初めて利益確定ができる

利益確定せずに高い買い物をしてしまった投資家の末路

よく「株が上がって儲かった」という話を聞きます。しかしそのほとんどが、その株を持ったままの状態、つまり「今売ったらどれだけ儲かるか」という評価益の話です。本当に「儲かった」と言えるのは、実際に売却して利益を確定した時だけ。株は売らなければ利益が確定できないのです。

とある個人投資家Aさんの話をしましょう。1999年から2000年にかけて、時代はITに沸いていました。この時、彼はソフトバンクグループ［9984］の株式を購入し、一時莫大な含み益がありました。「捕らぬ狸の皮算用」とばかりに、毎日含み益を計算してはほくそ笑み、挙句の果てにBMWの最高級スポーツモデルをローンで購入したのです。ところがITバブルは崩壊し、株価は急落。その後どう対処したかはわかりませんが、ソフトバンクグループの話もBMWの話もさっぱりしなくなりました。「絵に描いた餅」状態で高い買い物をしてはダメだという教訓です。投資家Aさんも、株価が高い時に売却して実現益を出していれば、BMWをキャッシュで購入できたでしょう。

持っている銘柄が上がるかどうか、確実な未来予測はできません。もっとも大切なのは、株価は未来永劫、上昇し続ける保証はないということ。売って初めて利益が出る（損も同じ）のです。

株価上昇だけでは「捕らぬ狸の皮算用」

安く買えたけど、
売り時に迷ってしまう……

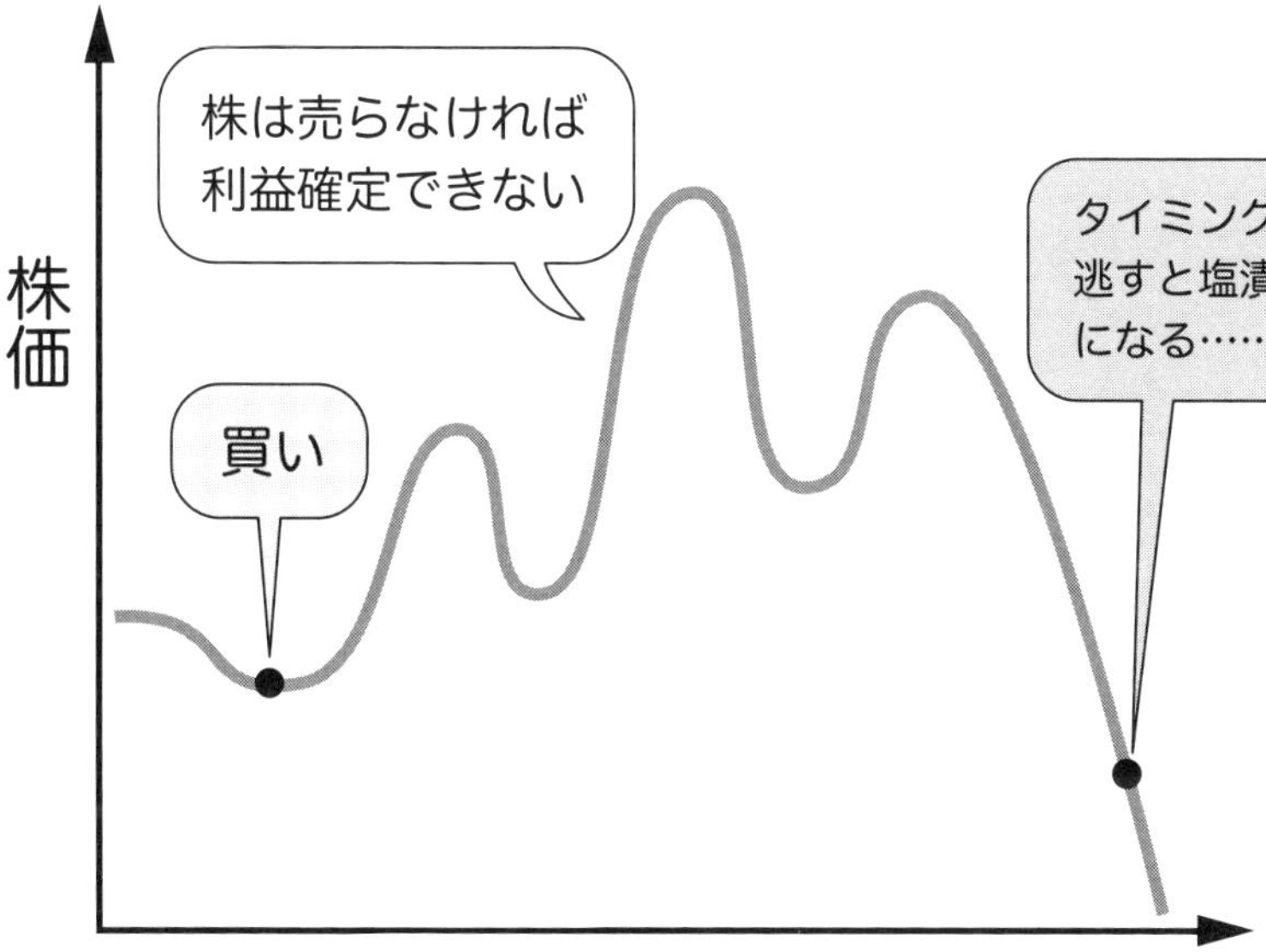

「もう少し上がってから売ろう」
と思っていたら売りのタイミング
を逃してしまうのよ

「頭と尻尾はくれてやれ」多少の損は許容して他人と利益を分け合おう

儲けの使い道を決めておくとリスク管理がしやすくなる

買う時以上に売るタイミングを迷ってしまう——株取引最大の敵は欲。自分の保有株だけは上がり続けると錯覚したり、「もう少し株価が上がってから売ろう」と欲張ったりしがちです。儲かっている時は腹八分目がちょうどいいのです。

「頭と尻尾はくれてやれ」という相場格言があります。これは魚一匹をひとりじめしない、といった意味。つまり、「最安値で買い、最高値で売る」ことにこだわらず、少しくらいのロスは許容し、他の人に利益の一部をあげるくらいの心持ちがいい、というわけです。自分だけ大儲けしたいなどと考えると、「株の神様」から見放されるかもしれません。

売るタイミングは、チャート上で明らかに伸びきった動きのものや、商い（出来高）が通常より膨らんだ時。チャートをしっかり見て、株価だけでなく出来高と売買代金もチェックすること。そうすれば売るタイミングを大きく外すことはないでしょう。「お次の方へどうぞ」と喜んで売り、利益を確定するのが良いと思います。

儲かったら、ご褒美としてスーツや時計、鞄などを購入したり、友人やパートナーにご馳走したり、将来の結婚資金やマンション購入の頭金に回したりと、具体的な使い道を最初に決めておくことが大切。そうすればしっかりリスク管理するようになります。

チャートが伸びきったら売り時

もう少し待って、
株価が上がってから売ろうかな

「最安値で買い、最高値で売る」
の考えは捨てなさい

株の神様より

頭と尻尾はくれてやりなさい

伸びきったチャートの例

ダイワボウホールディングス［3107］

出所：「株探」（https://kabutan.jp/）

チャートが伸びきって
大陰線が出たら売り時ね

詳しくは**第５章**で
お伝えするわ

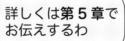

「塩漬け株」はロスカットで早めに損失を確定する

株価が下がっても持ち続ける人は多いが……

買った株がすぐに値下がりしてしまい、売り時を逃してしまった。こういうとき、あなたはどうしますか。もっとも多いのが、「損するのが嫌だから、値上がりするまで株を持ち続ける」という人です。確かに株を売らなければ損も利益も確定することはありません。その一方で、株に投じたお金は何も生み出さず、「死に金」となります。こうした状態の株を「塩漬け株」と呼びます。

塩漬け株のまずいところは、上昇相場のチャンスが訪れても、損をしたくないあまりに塩漬け株をそのまま持ち続け、利益を得るチャンスを逃してしまうこと。株式投資の「あるある話」です。

塩漬け株を作ってしまうきっかけは、「1円たりとも絶対に損したくない」と思ってしまうことです。しかし、株で勝ち続けるのはプロでも難しいこと。全戦全勝する必要はなく、トータルでプラスになることを目指しましょう。少額の損を恐れてはいけません。

塩漬け株を作らないためには、早めに「ロスカット」をしましょう。損切りとも言います。購入した株価が下落し、回復できないと判断した時は、早めに売って、損失を確定するのです。その時は損をして悔しいかもしれませんが、後で儲けのチャンスをつかむこともよくありますので、迷わずやることをおすすめします。

塩漬け株とは?

塩漬け株とは

買った時より値が下がってしまい、売ると損をしてしまうことを理由に、購入してから長期間、やむをえず保有している株のこと。

事例1

中長期保有の A さん

購入時	100 株 30 万円
保有期間	2 年
現在	100 株 14 万円
評価損益	マイナス 16 万円
世界情勢が悪化し、徐々に値下がりを続け、回復の見込みがない	

事例2

デイトレーダー B さん

購入時	100 株 20 万円
保有期間	3 週間
現在	100 株 12 万円
評価損益	マイナス 8 万円
値上がりを見込んで注文したら、不祥事が報道され、一気に値下がり、そのまま落ち着く	

多くの人は塩漬け株をそのままにしてしまうの

「天井三日、底値百日」高値圏の時間は短く、下落したら上昇しづらい

株価の下落に逃げ遅れたら長い低迷期を過ごすことに

株式相場の世界には「天井三日、底値百日」という相場格言があります。株価が上昇して高値圏にいる時間は短い、という意味。つまり高値で買ってしまうと、逃げ遅れた場合、その何倍、何十倍も雌伏の期間を過ごさなくてはなりません。これは、株式投資を行ううちに感覚としてわかるようになります。

株式投資で成功している人は、こうした相場の流れを把握し、株価が下落に転じて人気がなくなったと思ったら、すぐに売ってロスカットしています。塩漬け株を作ることなく、常に、効率的に資金を銘柄に回すように心掛けているのです。

株式投資はトータルでプラスを目指す

ロスカットの決断は早いほうがいい。それが遅れてしまったために、より多くの含み損を抱える可能性だってあるのです。そこで、たとえば、買った時の株価より5％あるいは10％下落したら売る、などの自分ルールを作ってしっかり守ります。

ルールに縛られるのは良くないのですが、迷いは時として想定外の損をもたらします。ロスカットでは、ルールに従ったほうが、後で「良かった」と思うことが多くなります。

早めにロスカットしよう

ロスカットとは

損を大きくしないために、早い段階で売ること。
買値より株価が安い時に売って、損失を確定する。

500円の株を1000株買った場合

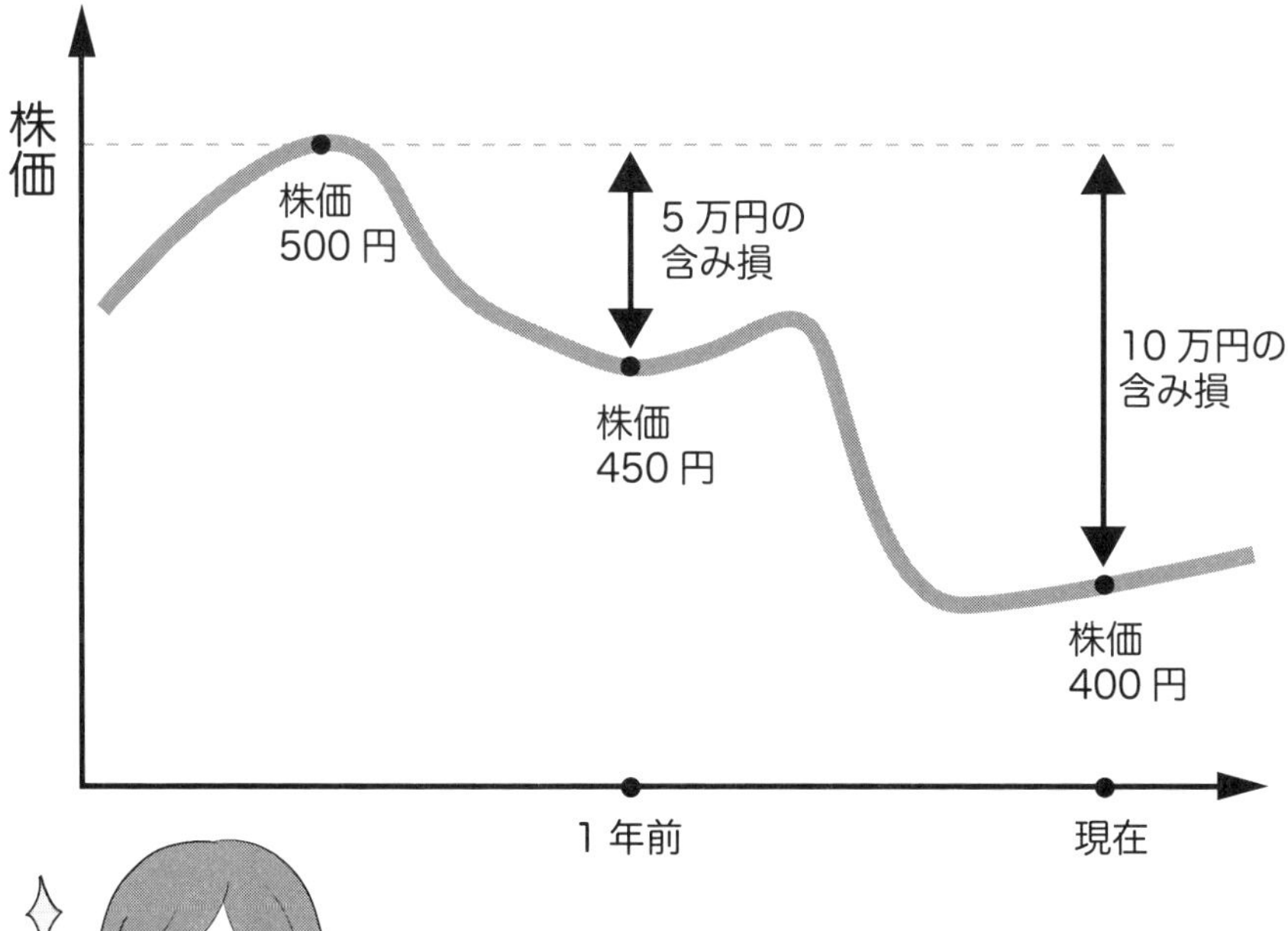
株価
株価
500円
5万円の
含み損
株価
450円
10万円の
含み損
株価
400円
1年前
現在

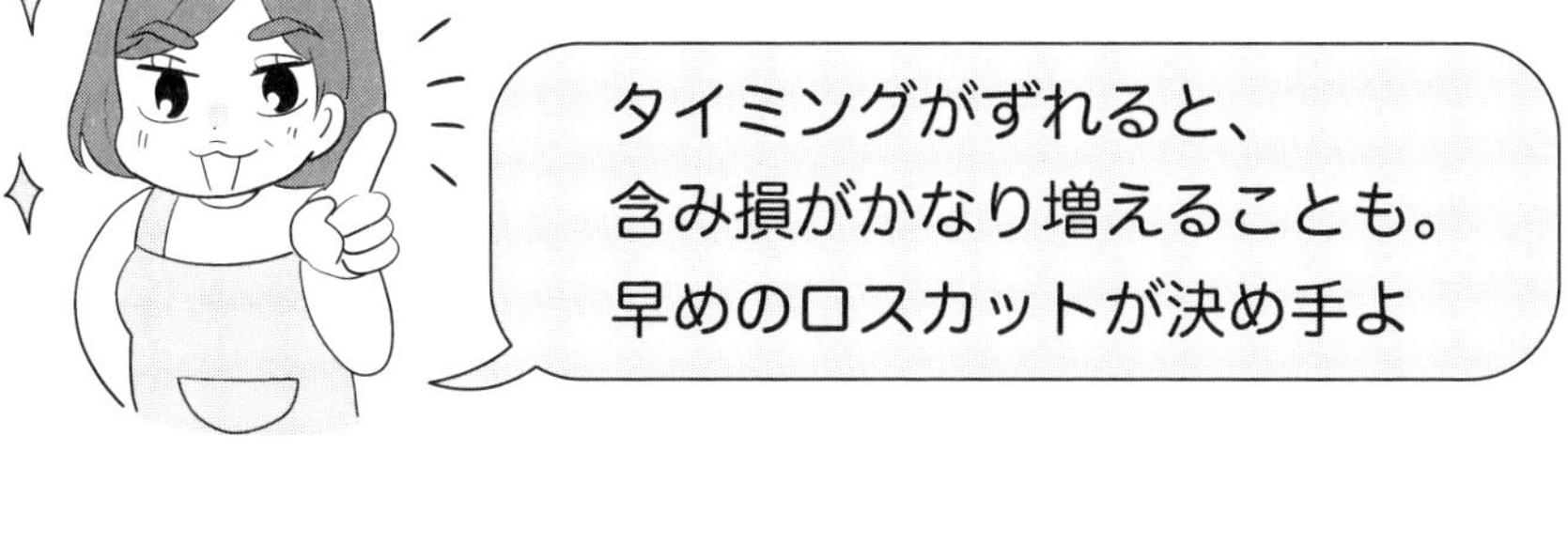
タイミングがずれると、
含み損がかなり増えることも。
早めのロスカットが決め手よ

「相場は相場に聞け」
相場で何が起こっているのか人々の心を読もう

狼狽売りはしない

「相場は相場に聞け」という相場格言があります。

まずは、相場の流れを読むことから始めましょう。しかし、株式相場は時に天邪鬼《あまのじゃく》で、「言うことを聞いてくれない」と思うどころか、「理外の理」とも言うべき、理論では語ることができない動きをすることもあります。まずは流れに逆らわないこと。そして、自分の読みが外れたら、それを認めるだけの度量を持つことも大切です。

たとえば、急速に下げている時は、狼狽する人が投げ売りする動きが活発化するので(狼狽売り)、なかなか相場は下げ止まりません。

「落ちてくるナイフに近づくな」。これはニューヨーク市場の相場格言です。相場が下げ止まらない場合は、じたばたしても仕方ありません。相場が落ち着くまで待ち、回復した場面で売るようにします。

反対に、株価が上がりだして止まらなくなることもよくあります。そういう時は、「頭と尻尾はくれてやれ」にこだわりすぎて、「胴体」まで人にあげてしまっては儲かりませんから、早めに株式を購入するのがいいでしょう。臨機応変に対応しつつ自分のルールも守る——そのバランスが重要です。

相場格言は株取引において先人が残した知恵。うまく役立てたいものです。

相場は相場に聞け

❶ 相場の流れをよく読むこと

❷ 急落しても焦って買わない、売らない

❸ 落ち着くまで待つ

ニューヨーク市場の格言

落ちてくるナイフに近づくな

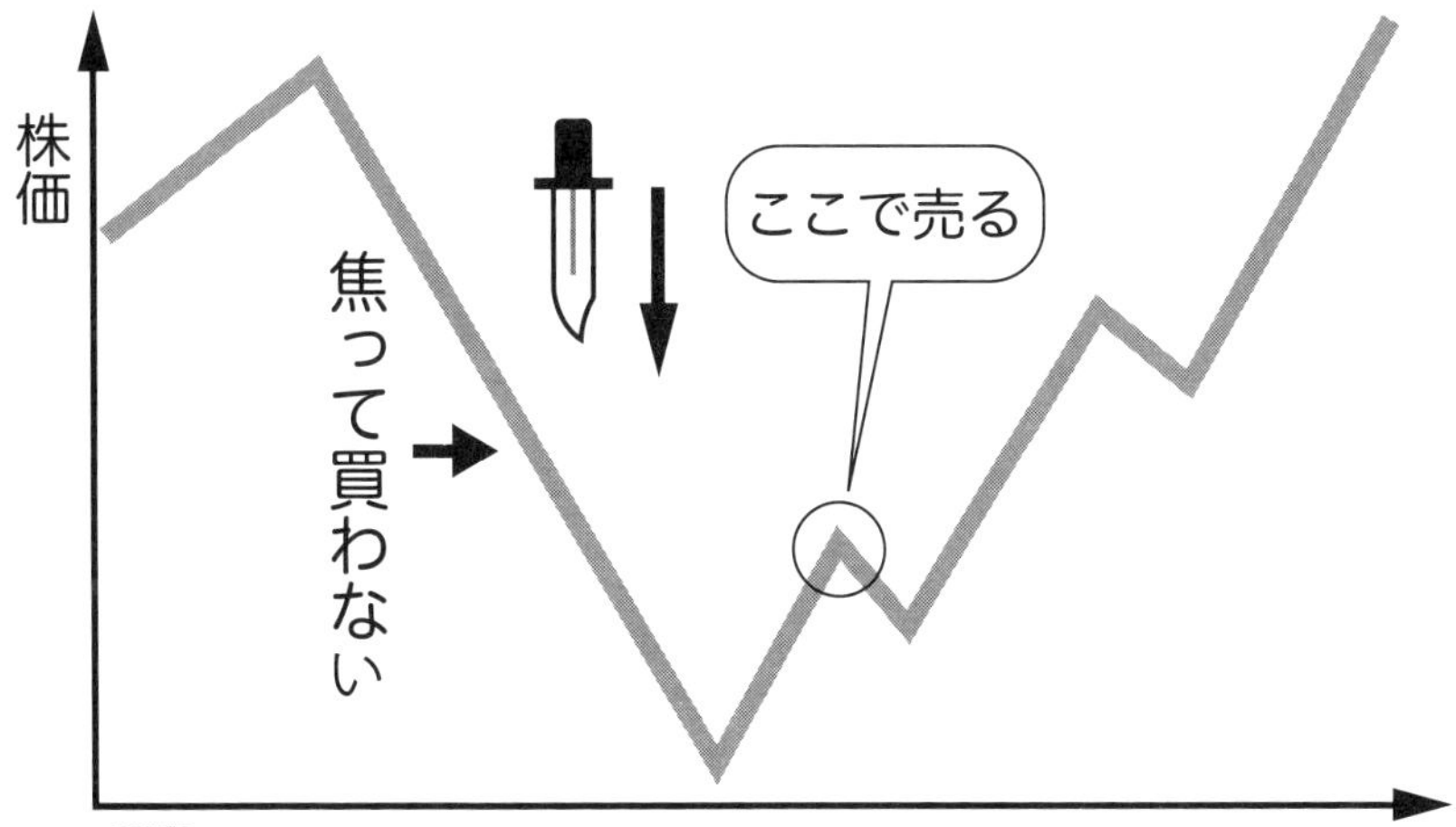
株価
焦って買わない
ここで売る

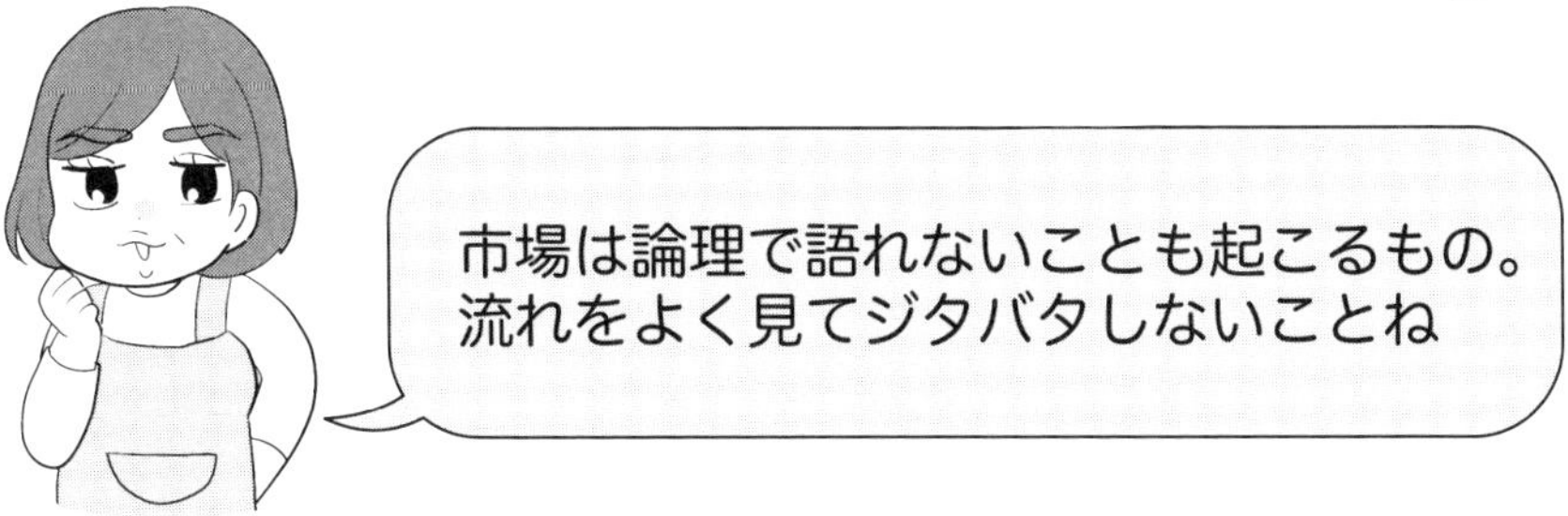
市場は論理で語れないことも起こるもの。
流れをよく見てジタバタしないことね

デイトレーダーはマイルールが決め手「逆指値注文」や「合わせ切り」のテクニックも

塩漬け株を作らないことがデイトレーダーの肝になる

デイトレーダーやスイングトレーダーなど短期勝負をして稼ぐＦＩＲＥ投資家を目指すなら、「マイルール」を作ることが大切です。

【例】ロスカットルールは買値からマイナス5％から10％になった時

【例】株価が上向きの75日間移動平均線を下から上に抜けたら買い、株価が75日線を上から下に割ったら売る（移動平均線→２０６ページ）

特に短期目的で買った銘柄を塩漬けにすると、その資金は「死に金」になり、実質的に株式投資に向けるお金が少なくなります。

なかなか決断ができず、優柔不断になりそうな時は、テクニックの一つとして「逆指値注文」を活用してみてはいかがでしょうか。

逆指値注文とは、「株価が上昇して指定した値段以上になれば買い」「価格が下落し、指定した値段以下になれば売り」とする注文方法です。通常の指値注文は、「指定した価格以下で買い」「指定した価格以上で売り」ですが、この逆の注文方法であることから「逆指値」と呼ばれています。逆指値注文のメリットは、値動きを細かく監視しなくても損失の拡大を防げることです。

このほか、儲かった銘柄と損した銘柄を「合わせ切り」して、トータルで利益とする方法もあります。銘柄の整理をしてメンテナンスできるのでおすすめです。ちょっとした工夫で、パフォーマンスは向上します。

損失拡大を防ぐ逆指値注文

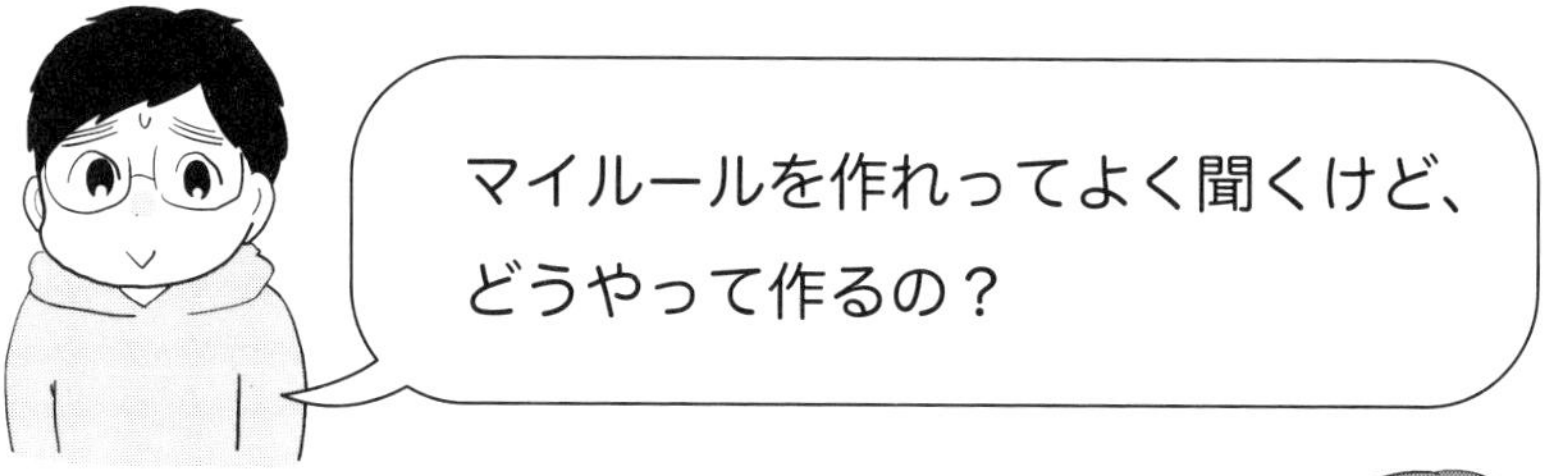
マイルールを作れってよく聞くけど、
どうやって作るの？

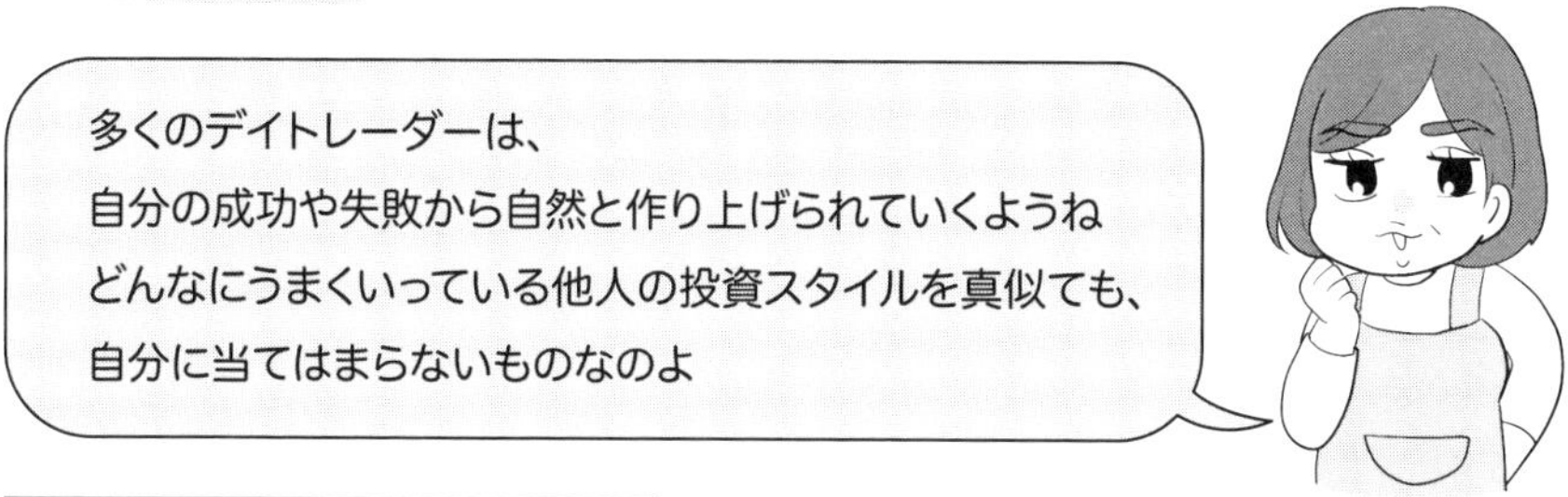
多くのデイトレーダーは、
自分の成功や失敗から自然と作り上げられていくようね
どんなにうまくいっている他人の投資スタイルを真似ても、
自分に当てはまらないものなのよ

「逆指値《ぎゃくさしね》」とは？

例　「600円で購入した株が500円以下になったら売り」というように、下落局面でロスカットをする時に活用します

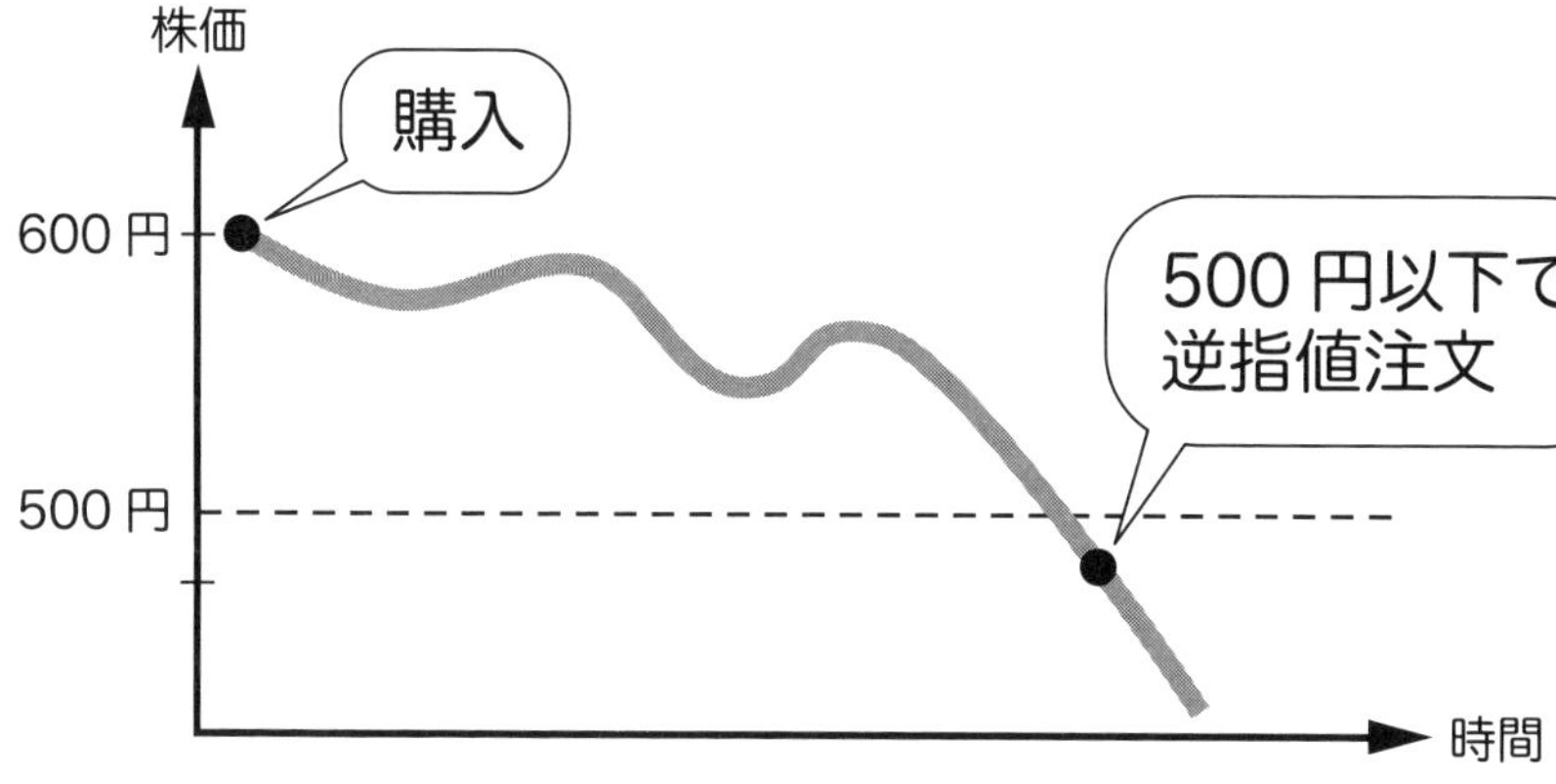
株価
購入
600円
500円
500円以下で
逆指値注文
時間

1円ケチリが売り時を逃す 1円上で買って1円下で売る

私が証券会社に勤務していた頃、お客様から電話で注文を受けました。

「雨宮さん、この株が1000円ちょうどになったら、売ってちょうだいね！」

指値での売り注文です。確かその会社の株価は930円台だったと記憶しています。株価というのは大台に乗ると嬉しいもの。そして、キリの良い数字は目標にしやすいのです。もしかしたらこの投資家は1000円をめどに売るつもりだったのかもしれません。

実際、どうしても1000円で売りたかったのでしょう、毎週そのようなお電話をくださいました。ところが、待てど暮らせどその株は1000円になるどころか950円にも届かず、その後ズルズルと下がってしまいました。そうなると今度は「930円台まで上がったから」と「高値覚え」をしてしまい、指値変更をしません。売り指値注文はいつまで経っても1000円のまま。

その顛末はというと、その株価は二度と1000円になることはなく、株式併合してしまいました。ちなみに業種は繊維。当時でもホットなテーマではありませんでした。構造改革をすれば別ですが、おそらく今後も希望する株価には戻らないと想像できます。今も保有しているかどうかはわかりませんが、おそらく売却していないでしょう。

一度チャンスを逃すと、このように売り時を見失います。こうしたケースが往々にしてあることを踏まえて、指値の入れ方はちょっとした工夫が必要になります。

キリのいい1000円で売ろうとする投資家は多く、その分1000円の売り板が厚くなることは想像できます。そこで、999円や994円といった、キリの良い数字の手前で売り指値を入れます。買いでしたら1001円や1006円に入れれば、注文が多い5や0といったキリの良い数字で注文を出すよりも、約定《やくじょう》（売買の成立）がしやすくなります。1円上で買って、1円下で売る。混雑を避けて、隙間に入れる指値の手法で、儲けのチャンスを逃さないようにできるのです。

株のお姉さんからのアドバイス

スルッと抜けるには、集中時や混雑時を避けること。株式相場ではこう言われます。「1買い、4ヤリ」「6買い、9ヤリ」（ヤリ＝売り）

1円をケチったために、売りのチャンスを逃してしまい取り返しがつかないことになることは、株式投資によくある話です。「最高の売り時」は滅多にありません。これを肝に銘じておきましょう。

step

4

株で儲けてみよう！

信用取引

用意するもの

- 信用取引口座
- 口座に預ける資金40万円ほど
- 担保にする株式

ニァ〜ッ!!
ひえええぇ〜〜
ドー〜ン…
うう
登ってこい!
登ってこい!
ガシッ
母ちゃん…!

ハッ…
よし！
ガバッ
母ちゃん
おはよー
学
母ちゃんのおかげで儲けも損も大やけどなく経験できたよ
ハッ
術
10万円の授業料なんて安いもんだろ？
ハッ
道
でも ここんとこ ずっと株価が下がってるから しばらく取引はお休みかな
ハ～
ピク

ちょっと待ちな！
下がるときに儲かる手法もあるのよ
え!?
下がるのに儲かる？
いくらボクが凡人だからっていい加減なこと言わないでよ～
自分で凡人って言ってるし！
それはね…
名付けて
空《くう》！
空売《から》りさ
ビッ
空《くう》

あやしい！
…って いつ書いたの それ…!?
あやしくない！
チョン チョン
だって 「空売り」の「空（から）」って「からっぽ」って意味でしょ!? 空元気とか 空回りとか 空手形とか…
株
…ってことは「空売り」って「無い株を売る」ってことだよね!?
やっぱ あやしいじゃん!!
チッチッチッ
クレジットカードで買い物したことないんかい！
あれは空買い！
買い物が先 支払いが後でしょ？
クレジットカード
同じように株の信用取引には
「空買い」「空売り」があるのさ
似たようなもんでしょ
空買い
クレジットカード
空売り
空買い
株
株
似たようなって言われても…
で！ 今回 凡人にやってもらいたいのが「空売り」
ズイッ
う〜ん やっぱりよくわからない〜

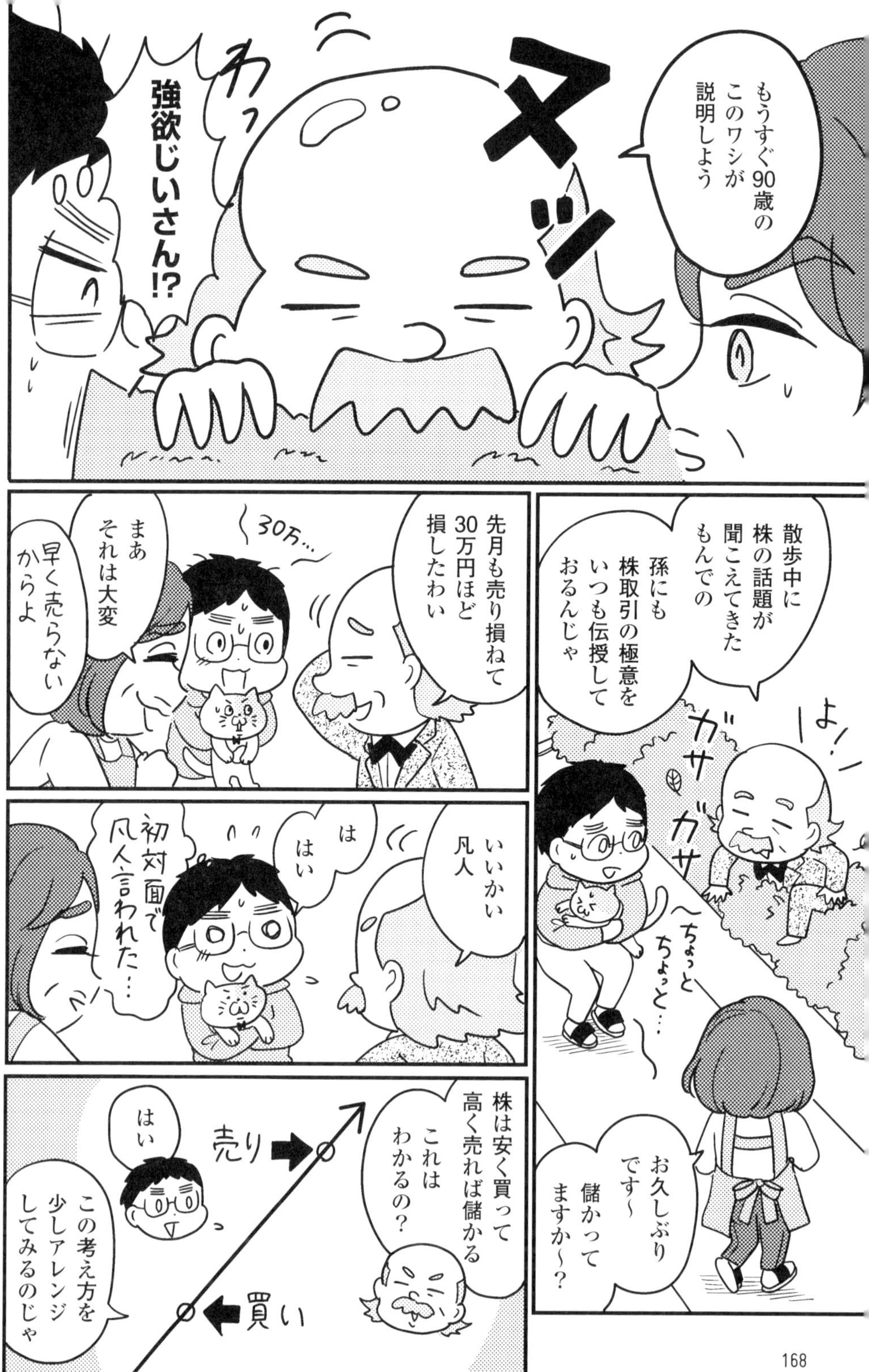
もうすぐ90歳のこのワシが説明しよう
マヌッ
わっ
強欲じいさん!?
散歩中に株の話題が聞こえてきたもんでの
孫にも株取引の極意をいつも伝授しておるんじゃ
はっ!
ガサガサ
ちょっとちょっと…
お久しぶりです～
儲かってますか～?
先月も売り損ねて30万円ほど損したわい
30万…
まあそれは大変
早く売らないからよ
いいかい凡人
は
はい
初対面で凡人言われた…
株は安く買って高く売れば儲かる
これはわかるの?
はい
売り
買い
この考え方を少しアレンジしてみるのじゃ

初めに高いところで売って
それを安いところで買い戻す
ほら儲かるじゃろ
100株2,000円で空《カラ》売り
2,000円
下がった1000円が儲け
1,000円
100株1,000円で買い戻し
100株当たり1,000円のもうけ
ドーン
これが空売りじゃ
確かに儲かるけど…
？
初めに売る株は？
持ってない株をどうやって売るんですか？
盗むんじゃ
ええ!!
コラコラ
間違えた借りるんじゃ
主に証券会社でな
どんなまちがいだよ～
株は貸してもらえるんだよ
貸して下さい
どうぞ
株
証券会社
わかりやすく整理するよ

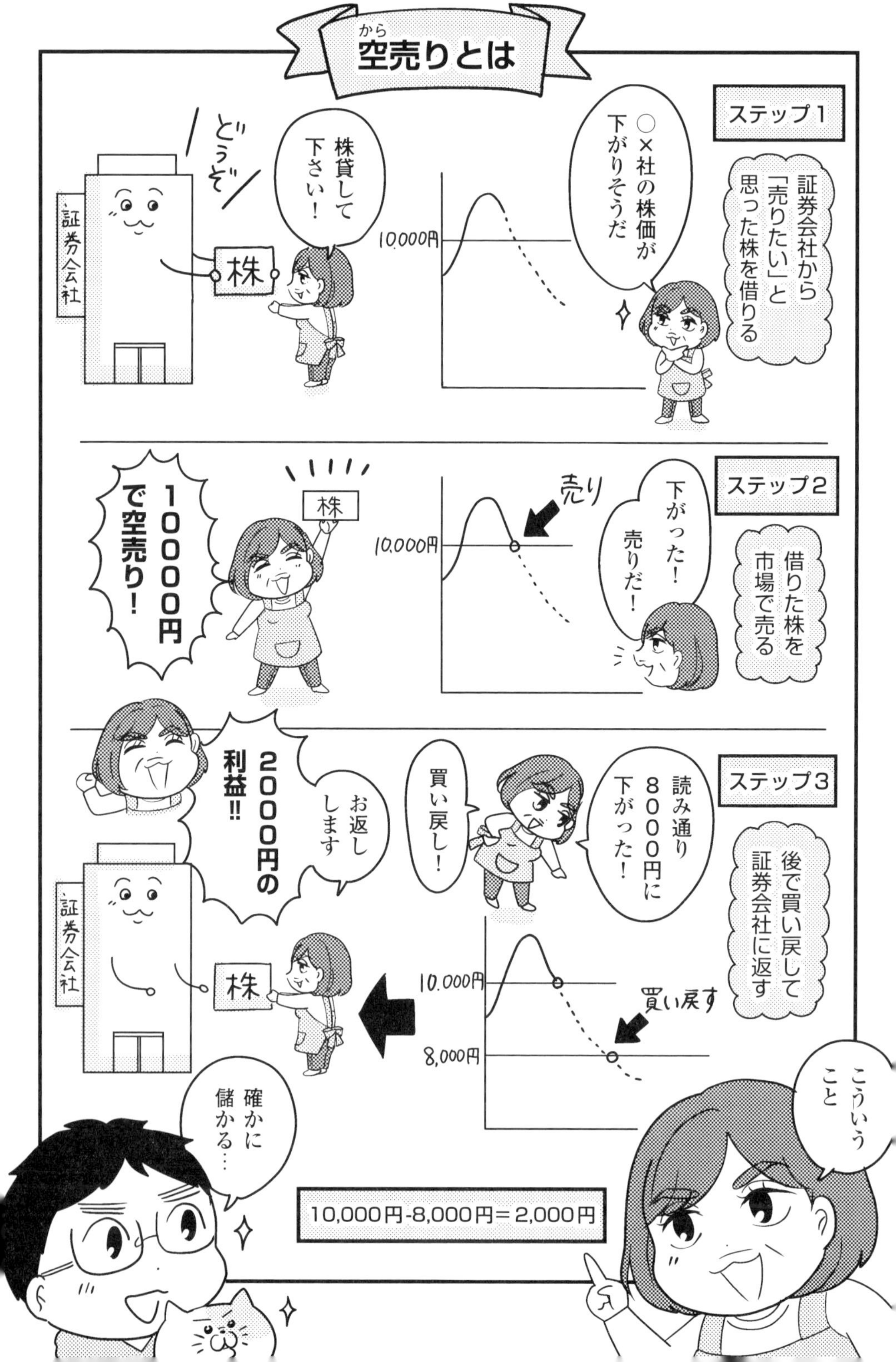

空売《から》りとは
ステップ1
証券会社から「売りたい」と思った株を借りる
○×社の株価が下がりそうだ
10,000円
株貸して下さい！
どうぞ
証券会社
株
ステップ2
借りた株を市場で売る
下がった！売りだ！
売り
10,000円
10000円で空売り！
株
ステップ3
後で買い戻して証券会社に返す
読み通り8000円に下がった！
買い戻し！
2000円の利益!!
お返しします
証券会社
株
10,000円
買い戻す
8,000円
こういうこと
確かに儲かる…
10,000円-8,000円＝2,000円

でも下がらなかったら利益が出ないよね？下がるまでずっとそのままでもいいの？
もう少しで空売りした株価より下がりそうなのに…
今決済すると損だ〜
NO!
返済期限は原則6カ月以内と決まってるの
売り
…ってことはもしそれまでに売った株価より下がらなければその分が損失ってことだよね
返済期限
損失
売り
6カ月
そこが「空売り」の大きなデメリットよ
損失リスクはでかいぞ
このワシが言うからまちがいない
例えば10000円で買った株がもし0円になったら？
えっと10000円の損
10,000円
0円
そう 買った金額がなくなって終わり
¥10,000
でも空売りの場合は…
ドーン!
損失が天井知らずなのさ
うわ!!

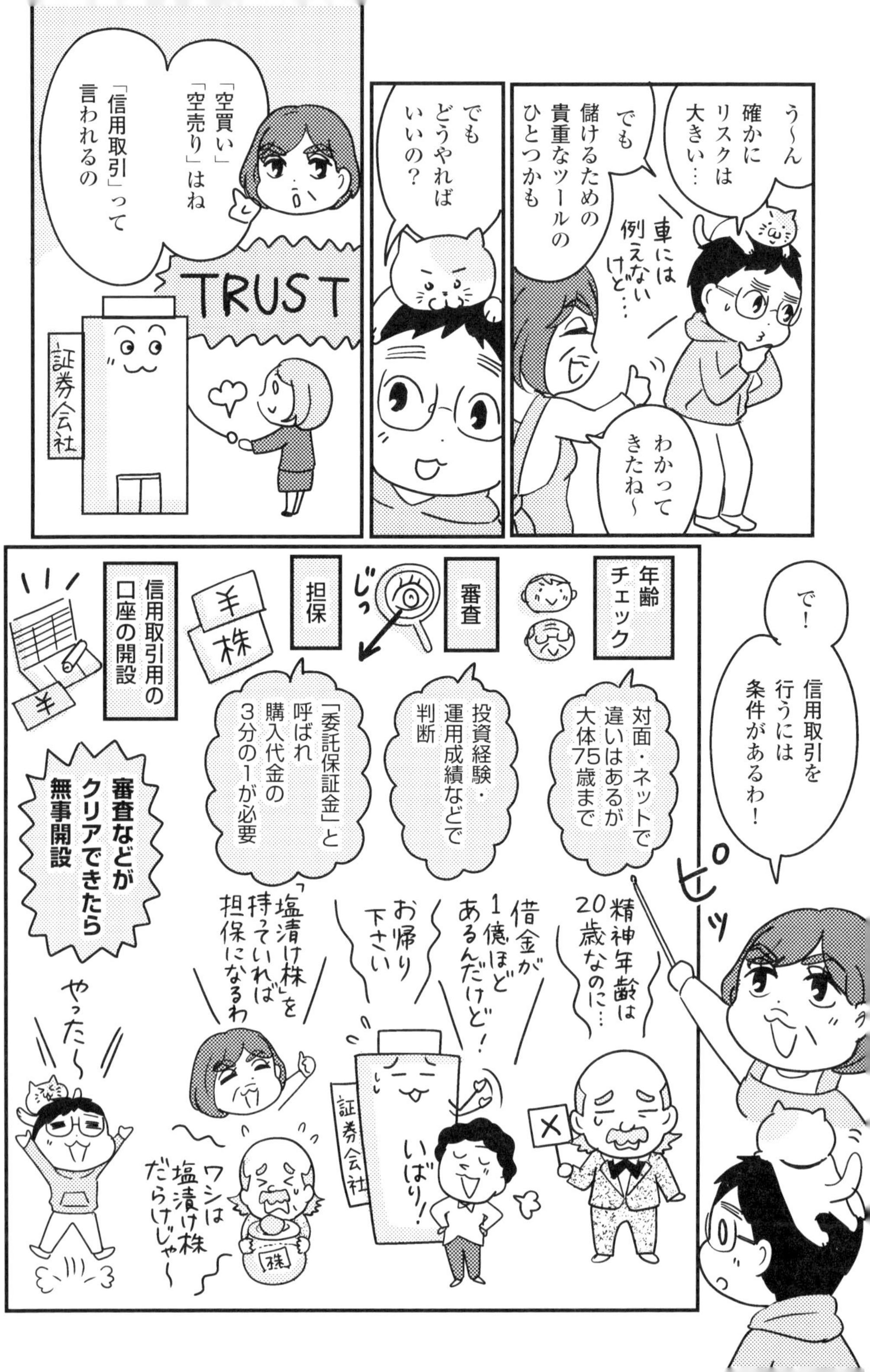

う〜ん
確かにリスクは大きい…
でも儲けるための貴重なツールのひとつかも
車には例えないけど…
わかってきたね〜
でもどうやればいいの？
「空買い」「空売り」はね「信用取引」って言われるの
TRUST
証券会社
で！
信用取引を行うには条件があるわ！
ピッ
年齢チェック
対面・ネットで違いはあるが大体75歳まで
精神年齢は20歳なのに…
審査
投資経験・運用成績などで判断
借金が1億ほどあるんだけど！
お帰り下さい
いばり！
証券会社
担保
じっ
株
「委託保証金」と呼ばれ購入代金の3分の1が必要
「塩漬け株」を持っていれば担保になるわ
ワシは塩漬け株だらけじゃ〜
信用取引用の口座の開設
審査などがクリアできたら無事開設
やった〜

担保に購入代金の3分の1が必要ってことは
逆に言えば
手持ちの資金以上（最大約3倍まで）の株式売買をすることができるってことよ！
空買《から》い
委託保証金として（担保として）40万円を証券会社に渡す
￥40万
40万円×3倍＝120万円の貸付
証券会社
空売《から》り
B社
委託保証金として（担保として）40万円を証券会社に渡す
￥40万
40万円×3倍＝120万円分のB社の株券を借りる
証券会社
おお！
ひょい
わかったかい？
わかったけど…何でそこまでやらないといけないの
シャーッ
ガリガリ
株って上がると思うでしょ？
バブルの頃の最高値は
日経平均株価3万8915円だったものね〜
フォフォ〜
い〜時代だったね〜
シャーッ
でも残念ながら日本株は下がっちゃったの
だから
下がっても「儲かるバナナも買っておきましょう」ということよ
「保険」のためにね

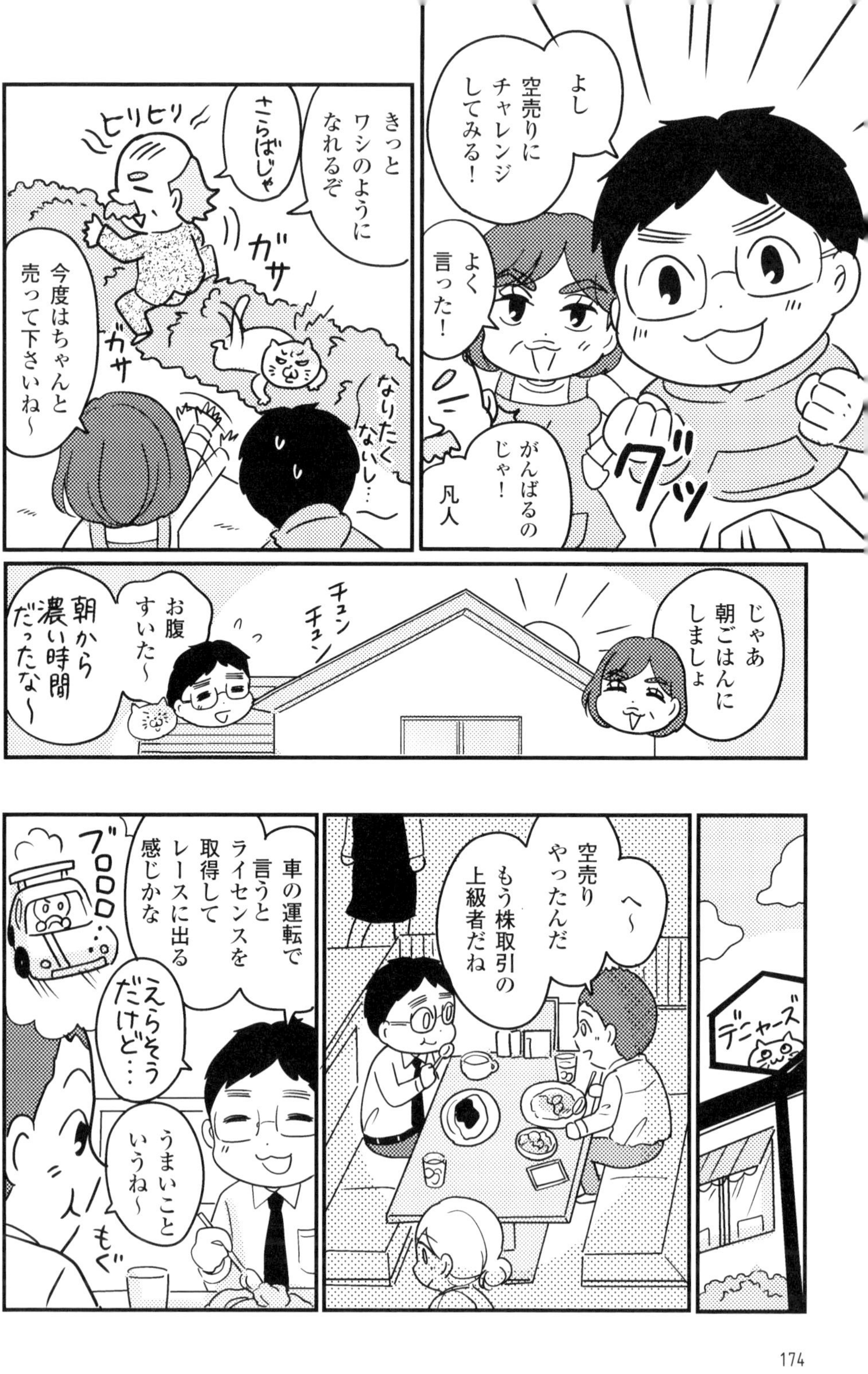
よし
空売りに
チャレンジ
してみる！
よく
言った！
ダッ
がんばるの
じゃ！
凡人
きっと
ワシのように
なれるぞ
さらばじゃ
ヒリヒリ
ガサ
ガサ
なりたく
ないし…
今度はちゃんと
売って下さいね～
じゃあ
朝ごはんに
しましょ
チュン
チュン
お腹
すいた～
朝から
濃い時間
だったな～
デニヤーズ
へ～
空売り
やったんだ
もう株取引の
上級者だね
車の運転で
言うと
ライセンスを
取得して
レースに出る
感じかな
えらそう
だけど…
うまいこと
いうね～
もぐ
ブロロロ…

ここまでこれたのも母ちゃんに色々教わったからなんだけど
いろいろあったけど…
ビッ
10万円
さぁ さぁ
どうどうするする!?
そうなんだ〜ボクもじいちゃんが色々と教えてくれたんだ
へ〜
そっちも「株家系」なんだね
株家系?
おばあちゃんの代から株の儲けで家計をやりくりしてたんだって
ハハ
確かに「株家計」だ
…!?
「株家系」と「株家計」か…
そーゆー意味だったのか…?
母ちゃんの昭和のノリに突っ込んであげるんだった
すべて株で賄ったのさ!!
はぁ!?
ドーン!!
ま いっか 疲れるし…

チュン
チュン
学
会社を育てる
会社のプチオーナーになる
ハッ
術
社会を知る
ハッ
株式優待…
道
ハッ
いろんな考え方があるけど母ちゃんにとって株とは？
いい質問ね
儲けるためのツールさ！
○△□証券
株

そして
株式投資こそ
人生そのものよ！
株
株
Life itself
株
株
株
株
株
すばらしい
ガサッ
またまた
散歩中での〜
いいから
売って
下さ〜い！
はは…

「信用取引」とはどんな取引？

委託保証金を預けて取引

信用取引は、証券会社に株を借りて取引すること。信用取引を活用した買いを「信用買い」または「空買《から》い」、株式を借りて売ることを「空売《から》り」と言います。

手持ち以上の資金で株式を購入できるので、より大きく儲けることが可能です。たとえば手持ちのお金が１００万円の場合、通常の取引（現物取引）では１００万円分の株を買って株価が2割上昇したら、利益は20万円です。一方信用取引では１００万円を担保に３００万円分の株を買うことができ、上昇率が2割なら利益は60万円になります。思惑通りに株価が上昇すれば、現物取引の2～3倍の利益をあげられます。

信用取引は無期限で行うこともできますが、一般的には6か月の期限が区切られ、その期間で勝負することになります。

メリットは、手持ち資金以上に株式を購入できるほか、1日に同一銘柄を何度も売買できること。現物取引では、差金決済の禁止で同じ銘柄の取引は1日に1度だけですが、信用取引にその制限はありません。一方、デメリットもあります。儲けが現物取引より大きくなるということは、読みが外れたら損失額も大きくなります。あくまで借金しての取引であると肝に銘じる必要があります。しかし信用取引は株式投資の幅が広がるので、最初は無理のない範囲で活用してみましょう。

「信用取引」空買いの仕組み

信用取引では、手持ちの資金×約3倍まで借りて運用できる。

わかりやすくいうと

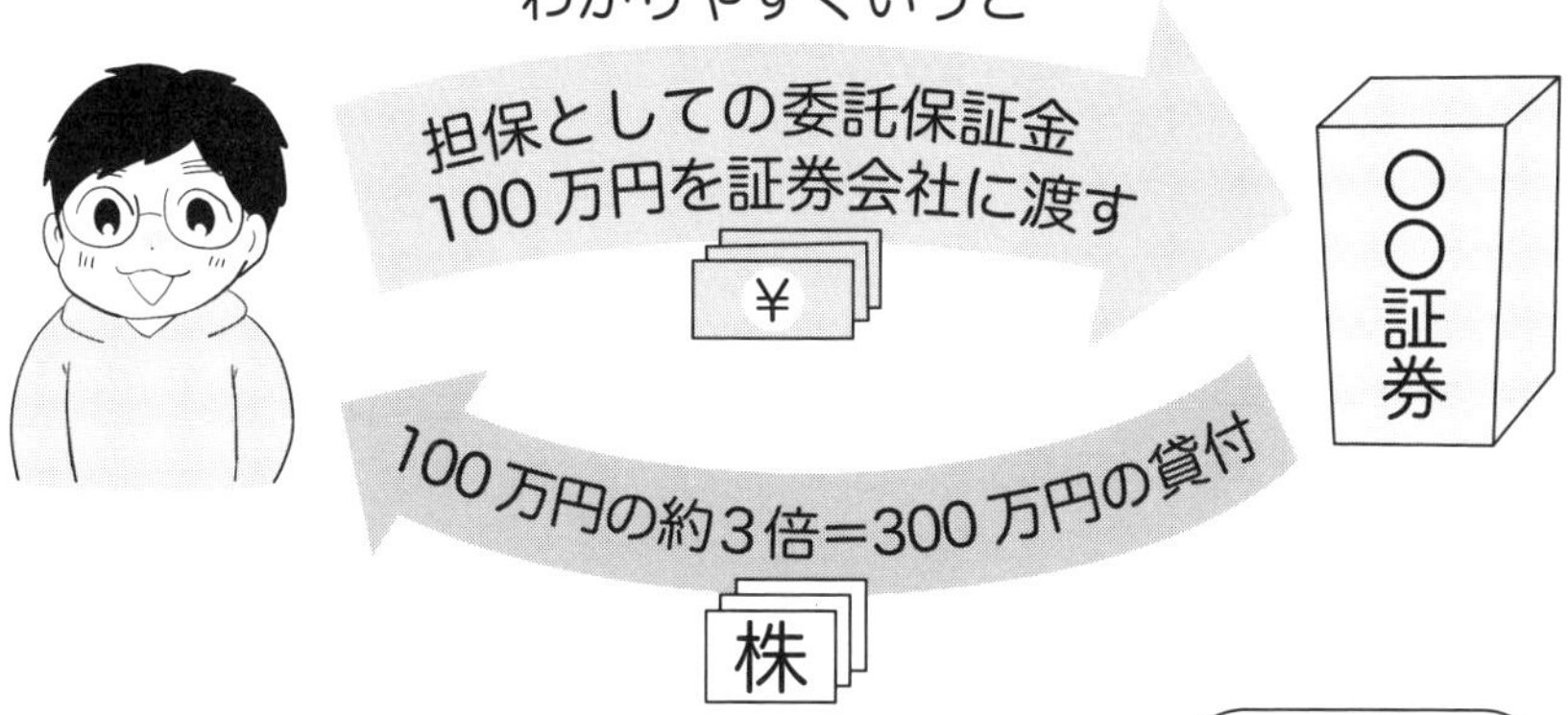
担保としての委託保証金
100万円を証券会社に渡す
¥
〇〇証券
100万円の約3倍＝300万円の貸付
株

この300万円でA社の株を買う

これを空買いという

A社の株価 1000円×3000株

A社の株価が2割上昇！ 1000円→1200円

売却！ 1200円×3000株＝360万円

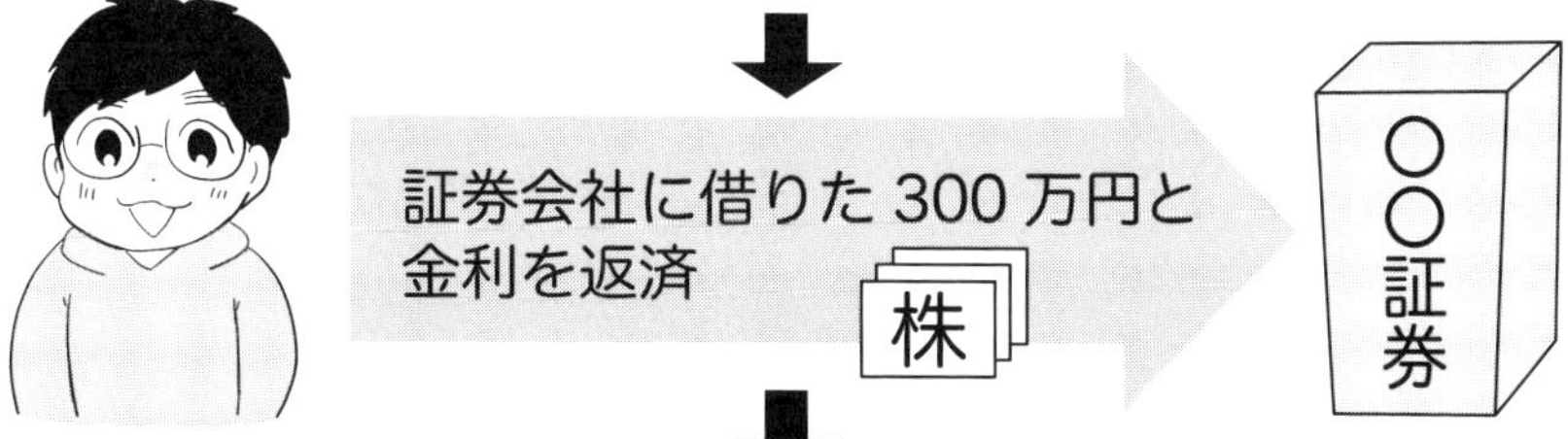
証券会社に借りた300万円と
金利を返済
株
〇〇証券

360万円の収益 － 300万円の貸付 ＝ 60万円の儲け

※売買手数料と税金が別途かかります。

信用取引の準備をしよう！

必要なのは専用口座と資金または担保の株式

信用取引を行うには、証券会社に通常の取引口座とは別に信用取引の口座を開設する必要があります。これは新規の証券口座を開く時、同時に申し込むといいでしょう。口座には資金を預ける必要があります。証券会社にもよりますが、あまりにも預ける資金が少ないと、信用取引の口座は開設できません。かつては最低でも数百万円単位で預けないと取引できませんでしたが、現在そのようなことはありません。しかし、資金に余裕がない場合は行うべきではない取引です。

信用取引が現物取引と大きく異なるのは、金利がコストとしてかかる点です。借金して行う取引のため、銀行にお金を借りる時と同様に、その時々で決められた利率をもとに、金利を払わなければなりません。

信用取引には、委託保証金という担保が必要。購入希望額の3分の1を担保として証券会社に差し出す必要があるのです。たとえば100万円を担保にした場合、200万〜300万円分の株式が購入できます。つまり、委託保証金の最大約3・3倍の取引が可能。この担保は現金でなくてもよく、保有している株式を代用担保として差し出すことができます。ただし、現在の価格が担保価値となる訳ではありません。プライム市場の銘柄で一般的な掛け目は8割。1000円の銘柄は800円で担保価値を算出します。

信用取引を行うには

○○証券

通常の取引口座 ＋ 信用取引の口座　両方必要

新規証券口座を開く時、
同時に申し込んでおくと OK!

ただし
預ける資金が少ないと
信用取引の口座は開けません。
40 万～50 万円くらいは用意しよう。

信用取引は

- 金利を払う
- 購入希望額の 3 分の 1 を担保として提供（保有する株で OK）
- 原則的には6か月が取引の期限（一般〈無期限〉もある）
- 投機的に使うとリスキー

下げ相場への対処法「空売り」

証券会社から借りて売る⁉

通常の値幅取りは安い時に買って高い時に売ります。しかし、株式投資の場合において は、株式を証券会社から借りて売ることもできます。そのおかげで、下げ相場においても、高い株価で売って安い株価で買い戻すことができます。値幅取りと逆の行為で儲けることも可能なのです。これが信用売り、一般に「空売り《から》」と称します。空売りは、手持ちに株式がなくても売ることによって利益を得る行為なのです。

たとえば、株価が急騰して「この株価はいかにも高いので、すぐに反落（上げ続けた相場が反転して下がること）しそうだ」と思った場合、「この株は上がるので儲かりそう」と株式を買うのと同じ感覚で、最初に売って、下がった場面で買い戻すことで差益を狙います。

決済方法はあとで株式を買い戻すか、現物株を引き渡す「現渡し《げんわた》」をします。

このように大きく儲けられる可能性のある空売りですが、注意したいことも。予想に反して株価が上昇すると、空売りをした投資家は、空買いをして読み違えた投資家よりも心理的な圧迫感が大きくなります。下げ相場の場合、最悪、倒産しても買った時の価値がゼロになる、つまり、損失額に限度があります。しかし、上げ相場の場合は、際限なく上がり続けると損失が無限と感じられてしまうため、恐怖感が大きくなります。

高く売って安く買い戻す「空売り」

株価がすぐに下がった！
どうしよう
そんな時こそ
空売りよ！

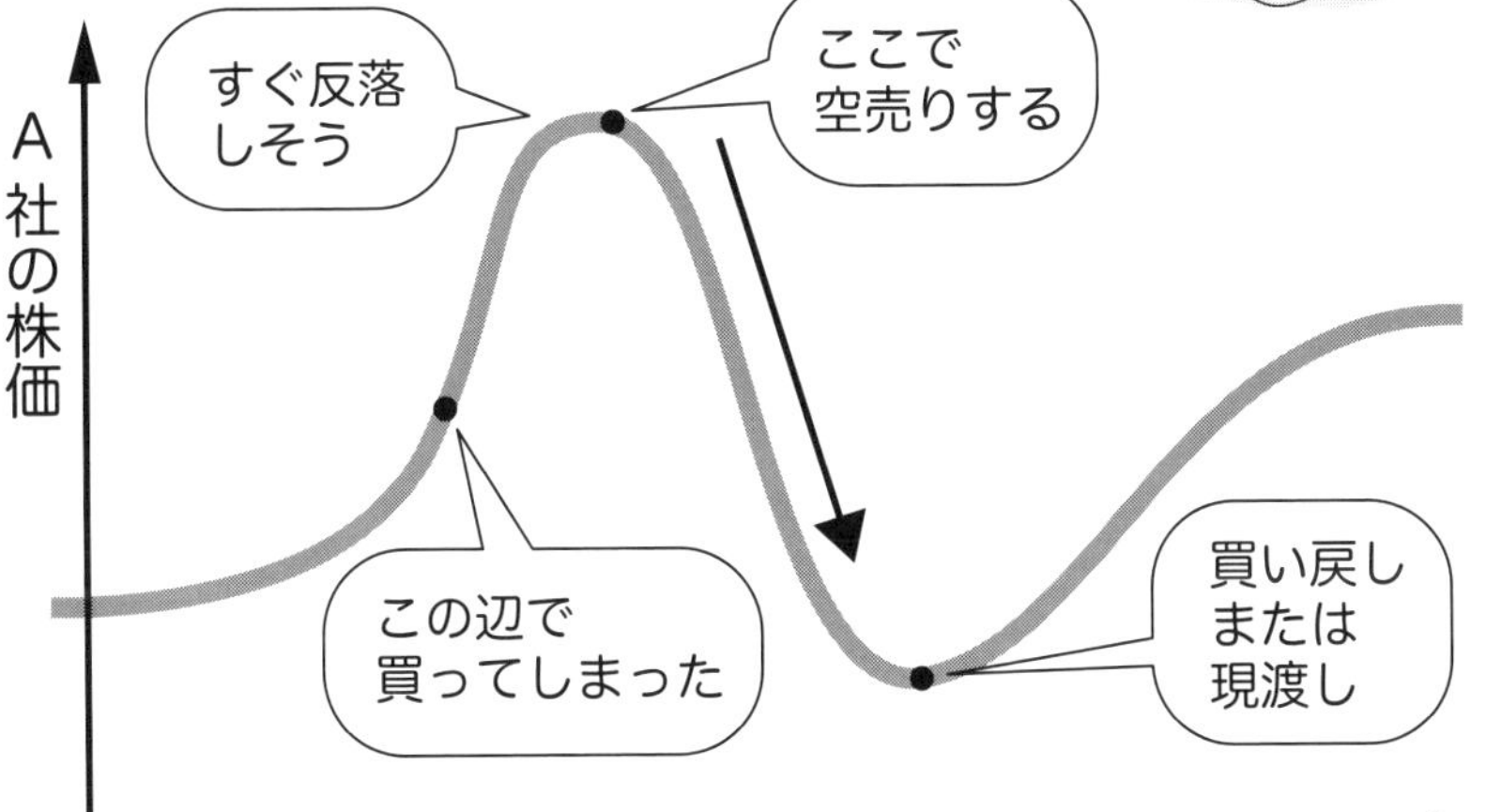
A社の株価
すぐ反落しそう
ここで空売りする
この辺で買ってしまった
買い戻しまたは現渡し

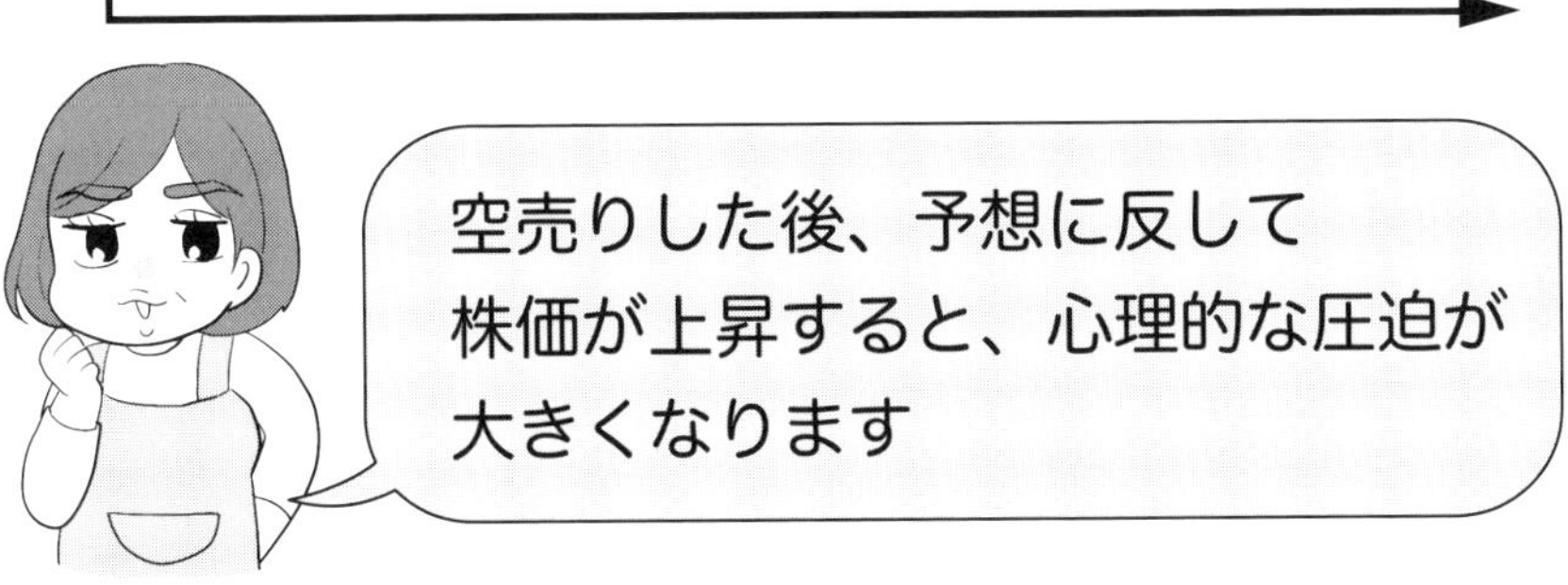
空売りした後、予想に反して株価が上昇すると、心理的な圧迫が大きくなります

空売りは塩漬け株の活用法として役立つ

塩漬け株を担保に空売り持てる資産は有効に使う

空売りは投機的に行うとリスキーですが、保有する現物株を絡めて行うと、イメージほど危険な取引ではありません。工夫次第ではリスクを抑えて効率的な取引になります。リスクを抑えるという点では、保有する銘柄を空売りする方法がおすすめです。

たとえば塩漬け株。ロスカットし損なって作った塩漬け株を、何年も持ち続けても何の利益も生みません。そこで、空売りを活用することで、持てる資産を有効に使えます。

急に株価が上昇した時は、戻り売り（値下がりした株価が上昇に転じたところで売ること）するチャンス。しかし、塩漬け株が上昇したものの、まだまだ買い値に届かない時に売っては収支がマイナスになってしまいます。そこで空売りの出番です。

手持ちの塩漬け株を担保にして、同じ銘柄を空売りします。

空売り後、株価が値下がりした場合は、買い戻して差益《さえき》を確保します。担保に出していた塩漬け株はそのまま引き取り、再び値上がりするのを待ちます。

空売りした後、予想に反して上昇してしまった時は、担保に出した株で決済すれば、損が発生することはありません。これを現渡しと呼びます。

塩漬け株を空売りする

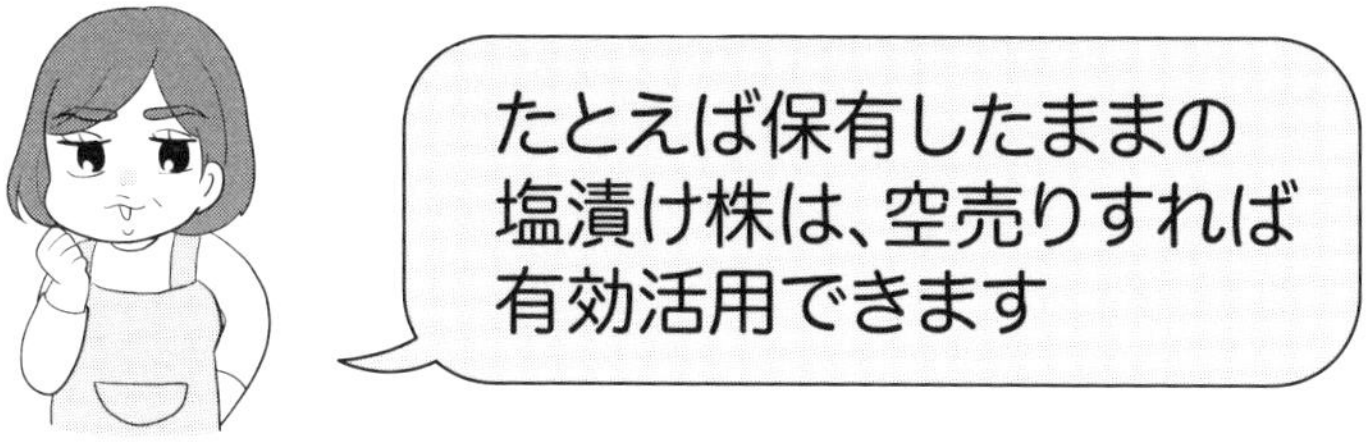
たとえば保有したままの塩漬け株は、空売りすれば有効活用できます

空売りのタイミング

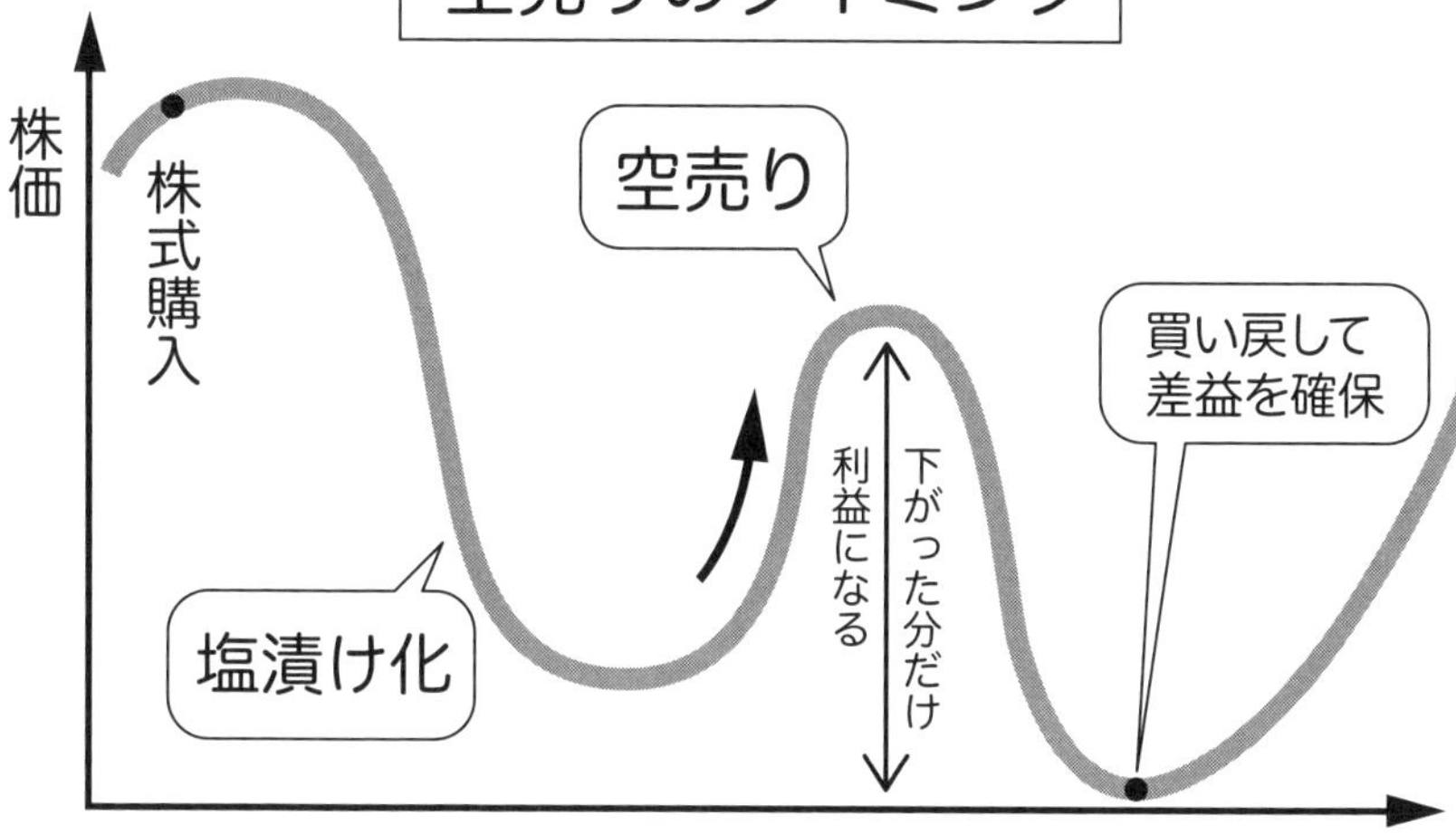
株価
株式購入
塩漬け化
空売り
利益になる
下がった分だけ
買い戻して差益を確保

●空売り

手持ちの塩漬け株 —担保→ 同じ銘柄を空売り

●空売り後にやること

値下がりしたら 買い戻して、差益を確保！

値上がりしたら 現渡し

株主優待を短期でゲットしたい人のための裏ワザ「つなぎ売り」

株式を借りて売り下げに対処 使って便利なつなぎ売り

空売りは応用が利く取引です。保有している銘柄が上昇して、売るかどうか迷っている時、空売りを活用してみるのも一法です。活用したいのが、その場に応じた「つなぎ売り」です。

空売りの期限は一般的に6か月。それまでに、保有している銘柄の場合は、持っている株式を現渡しすることで、精算することが可能です。株価が上昇した場合、通常の空売りなら損が発生しますが、現渡しすれば、保有している銘柄の利益が確定することになります。こうした手法を「つなぎ売り」と称します。

「値上がりしたので、ここで売っておきたいが、もう少し持てば配当金と株主優待がもらえる」という場合、配当金や株主優待を権利取りが確定する日（決算月の最終売買日が一般的）まで現物株式を保有、その一方で空売りをして、配当金と株主優待の権利を確定させてから、現物株式を現渡しして空売りを決済する方法を取ります。

たとえば、権利付最終売買日の寄り付きで、株主優待をゲットしたい銘柄を、現物株で買い注文と空売りをします。「つなぎ売り」ならば、株価の下落リスクを抑えて、株主優待をゲットすることができます。

空売りの応用「つなぎ売り」

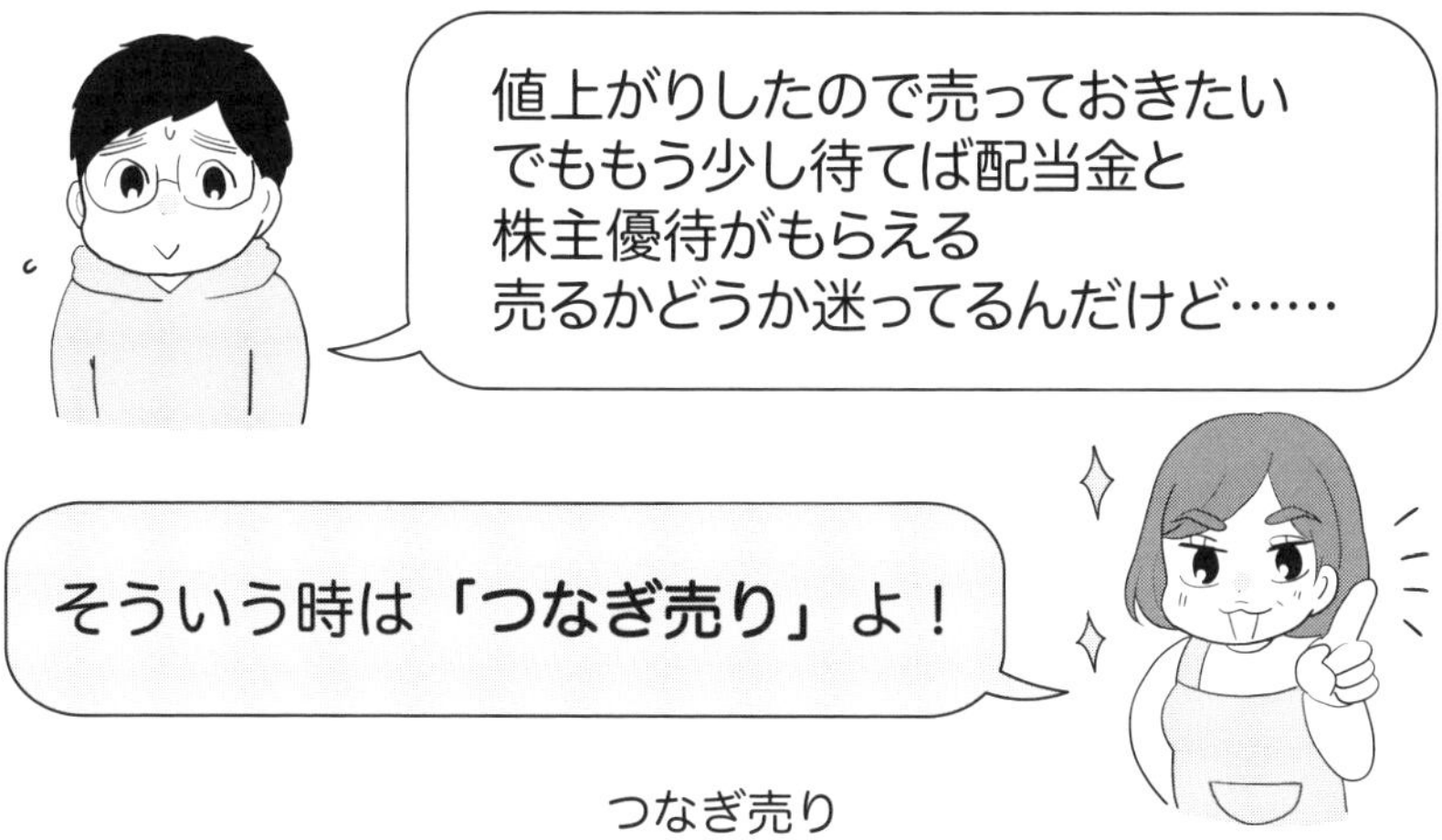
値上がりしたので売っておきたい
でももう少し待てば配当金と
株主優待がもらえる
売るかどうか迷ってるんだけど……
そういう時は「つなぎ売り」よ！

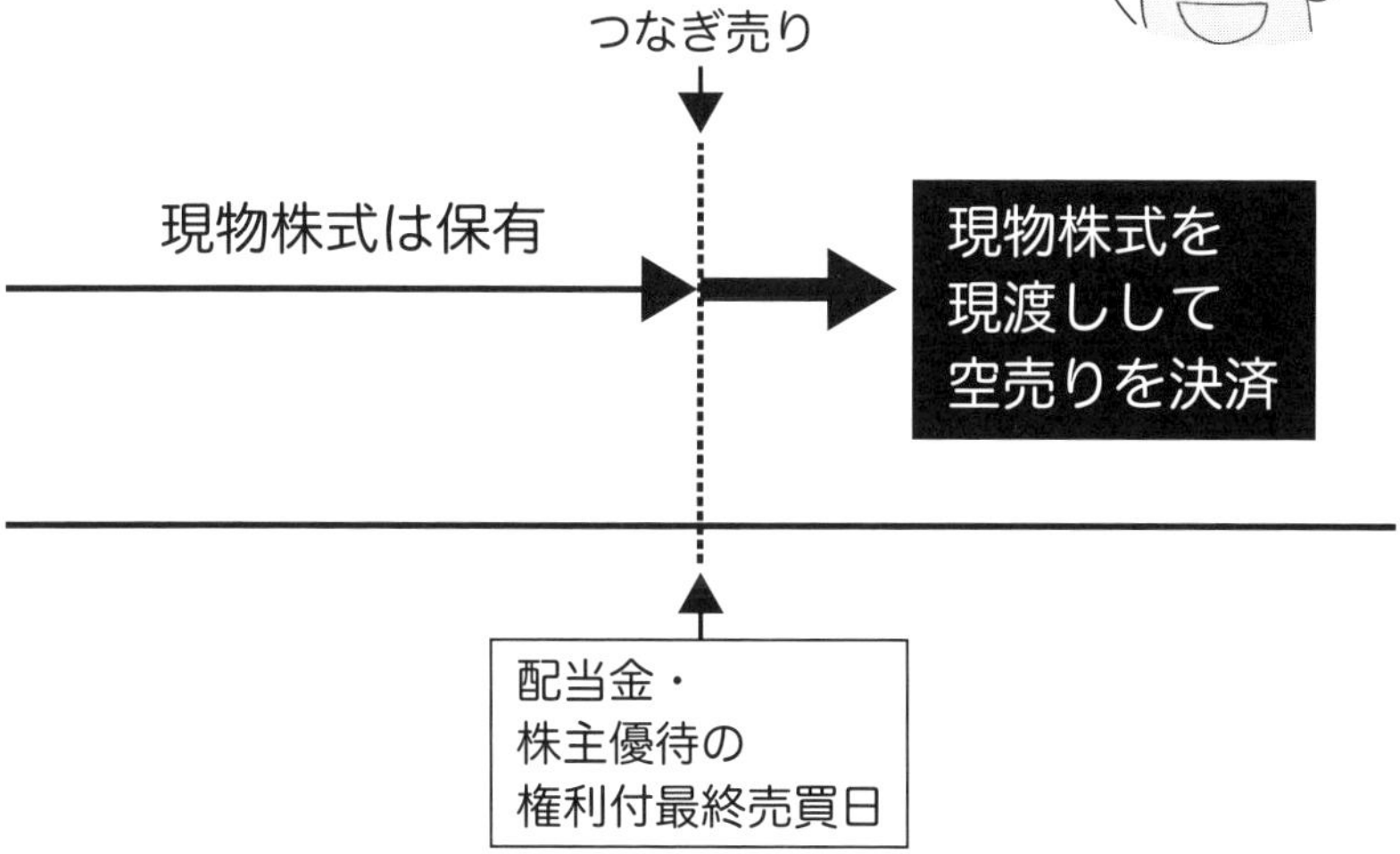
つなぎ売り
現物株式は保有
現物株式を
現渡しして
空売りを決済
配当金・
株主優待の
権利付最終売買日

現渡《げんわた》しとは

売り建てた株式を決済するときに、手元に元々ある（または別に取得した）同銘柄、同株数の株式を証券会社に差し入れること。

保険代わりに活用できる利益確定の手法「ヘッジ売り」

保有株の一時的値下がりには「ヘッジ売り」が保険になる

空売りは、相場環境が悪化し、保有している株が一時的に値下がりしそうな時にも使えます。たとえば「つなぎ売り」をした後、株価が下落することも少なくありません。「値下がりしそうだけど、できれば今持っているこの銘柄を長く投資し続けたい」と思ったら、そのまま空売りすればいいのです。予想通り値下がりした場合は、空売りした分を買い戻せば、手持ちの株を動かすことなく保有し続けることができます。この空売りは、感覚的には保険と同じなので、「ヘッジ売り」とも呼びます。塩漬け株の空売り活用はこの応用です。

個人投資家の中には、純粋な空売りによって、下げ相場で儲けようとする人も少なくありません。これは、相場格言に「天井三日、底値百日」（株価が右肩上がりでも、高値にあるのはわずかな期間）という言葉があるように、株式相場はコツコツ積み上げるように上昇し、下げる場面では一気に崩れるケースが目立つので、下げの波に乗って儲けようとする人が多いからです。

これは逆に言えば、株を保有していると、常に急速な値下がりのリスクにさらされているということ。そうしたリスクを回避する意味でも、手持ちの株式が上昇した時ほど空売りを考えたほうがいいのです。株式投資の経験が浅いうちは、空売りは保険代わりとして活用するのが良いでしょう。

「ヘッジ売り」とは？

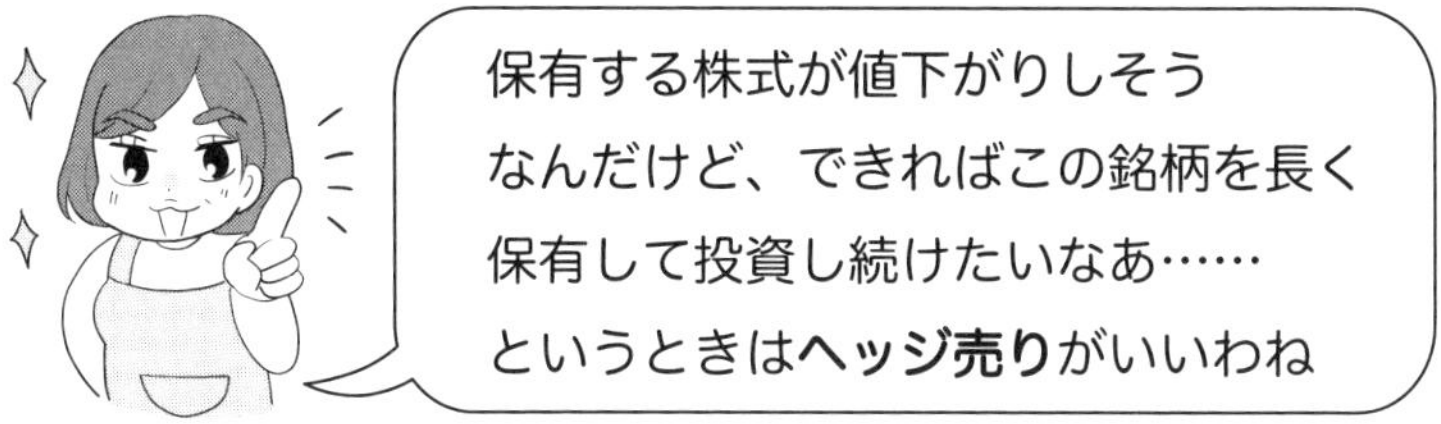
保有する株式が値下がりしそう
なんだけど、できればこの銘柄を長く
保有して投資し続けたいなあ……
というときは**ヘッジ売り**がいいわね

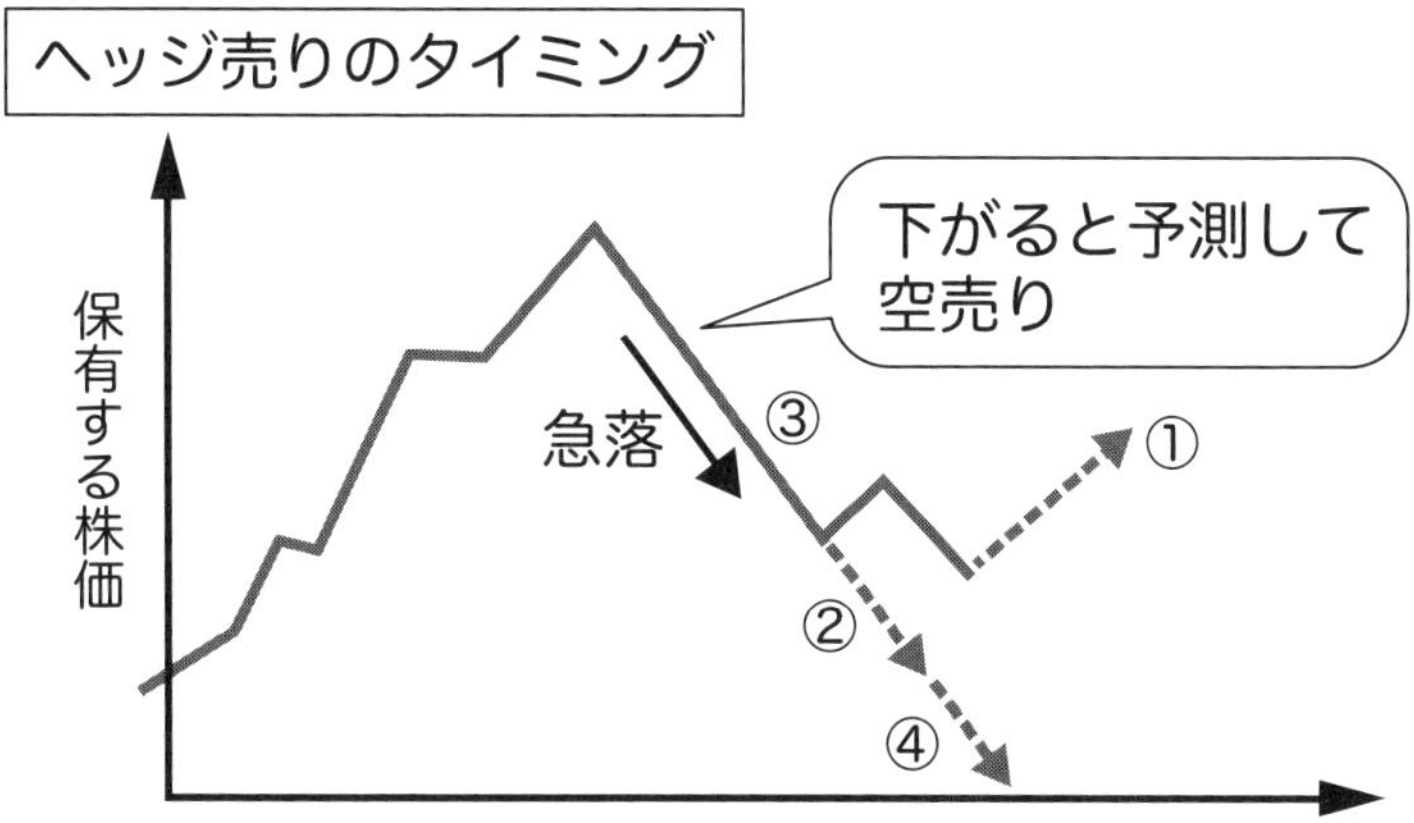
ヘッジ売りのタイミング
保有する株価
下がると予測して
空売り
急落
③
①
②
④

●ヘッジ売り後の決済

空売り後、上昇すると予想したとき

①予想どおり上昇したら現渡し

②予想に反して下落したら建玉《たてぎょく》を買い戻す

空売り後、下落すると予想したとき

③下落した時点で建玉を買い戻して空売り

④さらに予想どおり下落したら、建玉を買い戻す

建玉＝信用取引で約定後に反対売買されず、保有している
数量のこと。ポジションともいう。

追証は唯一の助言。怖いのは高額の逆日歩

担保を差し出せないと信用取引は強制終了！

信用取引で買った株式が大きく値下がりした場合、損出はさらに膨らみます。それを実感することになるのが追証《おいしょう》の発生です。

信用取引には、最低保証金維持率として常に保証金、つまり担保を20%維持する必要があります。これを割り込んで担保価値を維持できなくなった場合に差し出すのが追証。追加で担保を入れる訳ですが、資金がショートして差し出せない場合は強制的に取引を終了させられます。追証の発生で投げ（損を承知で売ること）がかさみ、下げ足が速まるのはよくあること。また、強制的な手仕舞いもあり、追証は唯一の「助言」と言えるでしょう。

ただ差し出した株式が大きく下落した場合は担保価値も低下するため、追証とは別に「追加担保」が要求されます。信用取引で買って大きく下がった場合は注意しましょう。

一方、空売りで注意したいのが逆日歩《ぎゃくひぶ》です。日歩とは、信用取引において買い方が売り方に支払う金利。逆日歩はその逆で、売り方が買い方に払う金利のこと。

発行株数には限りがあるため、証券会社に貸す株式がない時は、大口の投資家に借りることになります。その際に発生する金利が逆日歩です。流通株数が少ないほど売るのが困難になり、高額日歩が付くこともあります。休みの日も金利はかかるので、時としてとんでもない逆日歩を払うケースもあります。

追証と逆日歩

信用取引には、最低保証金維持率として、
常に担保を 20%維持する必要があります。

追証《おいしょう》

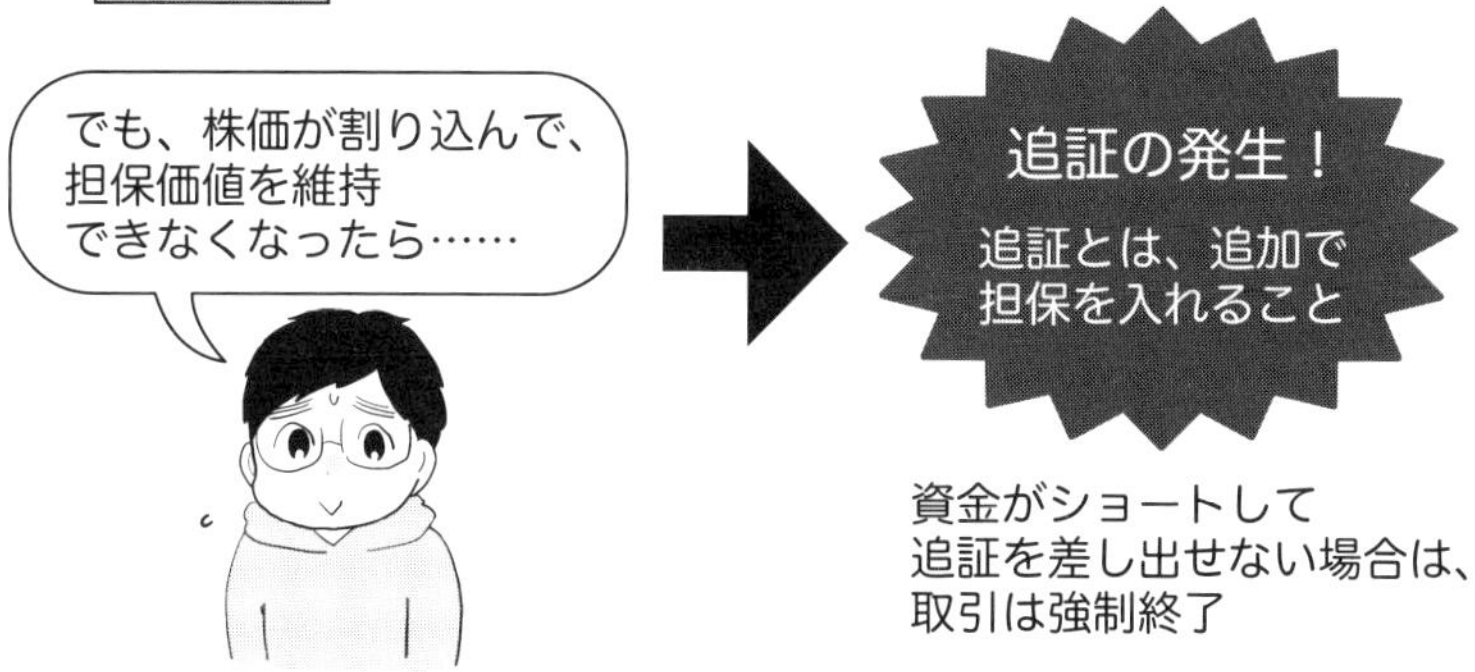
でも、株価が割り込んで、
担保価値を維持
できなくなったら……
追証の発生！
追証とは、追加で
担保を入れること
資金がショートして
追証を差し出せない場合は、
取引は強制終了

逆日歩《ぎゃくひぶ》

発行株数には限りがあるため、証券会社に
貸す株式がない時もあります。

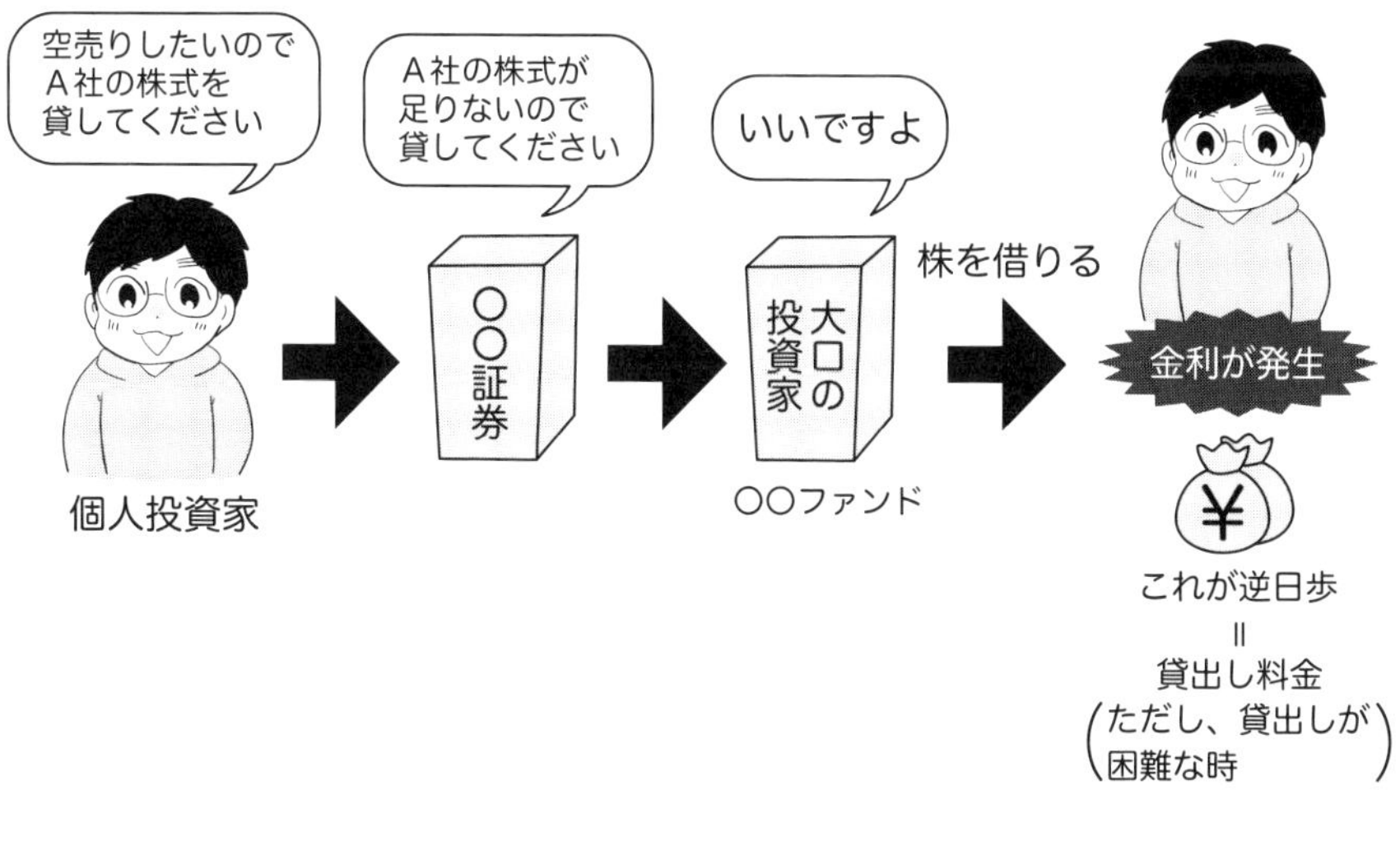
空売りしたいので
A社の株式を
貸してください
A社の株式が
足りないので
貸してください
いいですよ
個人投資家
〇〇証券
大口の投資家
〇〇ファンド
株を借りる
金利が発生
¥
これが逆日歩
＝
貸出し料金
（ただし、貸出しが
困難な時）

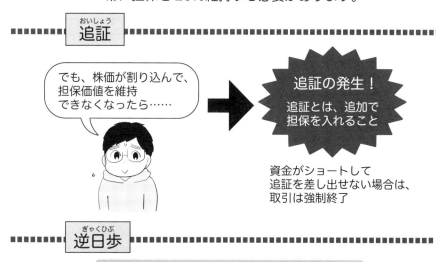

KABU COLUMN 2

IFAは頼りになる資産運用のアドバイザー

運用の世界でよく聞かれる言葉にIFAがあります。これは「Independent Financial Advisor」の頭文字で「独立系ファイナンシャルアドバイザー」のこと。金融アドバイザーの一種です。金融アドバイザーとは、資産運用のアドバイスをする人。通常は証券会社や銀行に属しています。

一方、IFAの多くは、証券会社や銀行などから独立した人で、豊富な業界知識と経験を基に、市場動向の分析・資産配分を助言してくれます。IFAは株式のアドバイスが代表的です。すべての金融商品は、購入する際に専門的な知識が必要なのは言うまでもありません。私たちが、何かしらの金融商品を買おうとする時、IFAは適切なアドバイスをしてくれる頼りになる存在です。

そしてIFAは、既存の金融機関から独立した存在です。中立的な立場でアドバイスしてくれるのが特徴と言えます。金融機関に所属していると、どうしてもその経営方針から完全に外れることはできません。IFAは、金融機関のバイアスがかかることなく、その人に合った公正かつ適切なアドバイスをしてくれるのです。

step

5

株を
分析してみよう！

チャートの見方

用意するもの

- 日本経済新聞
- ハサミ
- パソコンやタブレットなど

株のお姉さん流「日経新聞の読み方」

株式の情報のソースは紙の日本経済新聞がベスト

Z世代は紙媒体の新聞を読まないと言われています。最近は必要な情報だけを電子版だけで見れば充分な時代になりました。

しかし、ニュースを知る基本は新聞。株式投資で儲けたいと思うのなら、新聞記事に目を通すべき。特に、日本経済新聞（通称日経新聞）は、専門性の高い企業記事が満載されているだけに、読む習慣をつけることです。

電子版もいいのですが、株のお姉さんとしては、紙の新聞がおすすめです。面倒と思ってはいけません。

とは言え、日経新聞を隅々まで読むと時間がかかります。しかも、一般紙に比べて内容が専門的であり、記事の分量が多く、慣れないうちは自分で噛み砕いて読むのにも一苦労。

そこで、紙の新聞だからこそそのメリットを活かした、株のお姉さん流日経新聞を読むコツをお伝えしましょう。

①歯磨きのように毎日5分

一度読む習慣を付ければ苦にならなくなります。たとえば日課として「歯磨きをする」感覚で、毎日5分程度、習慣として読んでみましょう。

②読む記事は見出しで取捨選択

自分の保有している銘柄の記事、業界の記事をざっと拾い上げて、印を付けるなどします。次に、選んだ記事をその5分間で読みま読みます。残りの記事は、時間に余裕ができた時に読みます。

③ スクラップブックにまとめる

ピックアップした記事は、自分にとって重要でしょうから、スクラップブックにまとめます。後で振り返ると、「あの記事が出た時が分岐点だった」と思うことも出てくるものです。ぜひ切れ味の鋭い良いハサミを自分にプレゼントしてあげてください。作業が楽しくなります。

このように、自分の保有銘柄に関する記事をじっくり読むことから始めるのが、日経新聞を読むコツです。

さらに、チェックポイントがあります。

プロの世界では大きな材料は「1面トップに記事が出たらしまい」と言われています。

最も重要なのは「マーケット総合面」。前日の相場をここでチェックしましょう。

「スクランブル」は、証券部の花形記者が書けるコラム。私は、特にお気に入りの編集委員の記事をスクラップしています。

このほか、ランキングなどのデータはマメにチェックしておきたいですね。

「板」は商いを占うツール

出来高は株価に先行する

株式投資を始めると、日々の株価動向に一喜一憂するようになります。株価が上がれば嬉しく下がれば悲しくなるものですが、株式相場をみる際に大切なのは、株価の動きより、商いがどれくらい行われているかのボリュームなのです。

日々チェックしたいのは、売買代金と出来高。出来高とは成立した売買の数で、株の場合は株数で表されます。「出来高は株価に先行する」という相場格言があります。商いが膨らむ、つまり、人気が出た銘柄ほど、出来高が上がる可能性が高くなります。

取引時間中に、商いが活発化しているかどうかを判断するために活用したいのが「板」。板は注文状況を示すものです。以前は一般投資家がみることはできませんでした。今では証券会社のサイトで誰でもみることができます。短期的な取引を行う時は、板を読むことが大切。板は商いを占うツールなのです。

板が厚いほど人気がある証拠。板がスカスカではお話になりません。よく買い板が厚い銘柄がおすすめとされますが、実は逆で、売り板が厚いほうが株価は上がりやすくなります。そもそも、売りがあるからこそ商いが成立するもの。板に限らず、株式投資では「買い」ではなく「売り」をみるのが鉄則です。

「板」の見方

売り板
株を売りたい人が
何株売りたいのかを
表示した売り注文数

買い板
株を買いたい人が
何株買いたいのかを
表示した買い注文数

売数量(株)	気配値(円)	買数量(株)
	OVER	
5200	623	
460	622	
3400	621	
	620	3000
	619	570
	618	6200
	UNDER	

623円で
5200株の売り

売り板は上から下へ向かって
現在の株価に近づいている

買い板は下から上へ向かって
現在の株価に近づいている

618円で
6200株の買い

注文数が多く出されていることを「板が厚い」という

板を見るときは、買い板と売り板
どちらの注文数が多いかに注目

一般的に「買い板の厚い銘柄がおすすめ」と
されるけど、実は売り板が厚い銘柄のほうが
株価は上がりやすくなるのよ

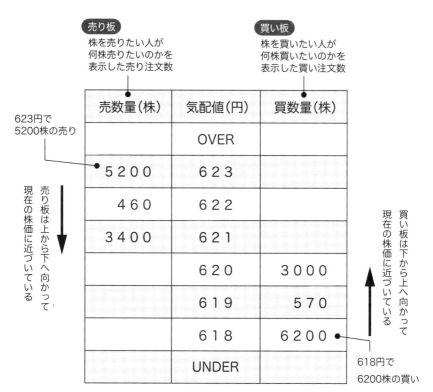

毎日チェックしたい日本市場のバロメーター「日経平均株価」と「TOPIX（東証株価指数）」

まずは日経平均株価に注目！日本を代表する225銘柄

日経平均株価は、日本を代表する225銘柄から構成された株価指数。銘柄は日本経済新聞社によって選定され、その平均値が算出されたものです。銘柄は定期的に入れ替えられます。後述するTOPIX《トピックス》（東証株価指数）とともに、相場全体が安いか高いかを判断する目安として利用されています。

また、自分が持っている銘柄が相対的に高いか安いかを測る「ものさし」にもなります。日経平均株価が上がっているのに、保有する銘柄が、業績が良いのに上昇しない状態であれば、「自分の銘柄は出遅れているので、やがて上がるだろう」と判断できます。

市場の試算規模を数値化した東証株価指数は日本株の動き

東証株価指数はTOPIX（Tokyo Stock Price Index の略）と呼ばれ、東京証券取引所が算出しています。日本株の動きを示す重要な指数です。TOPIXの特徴は、時価総額から計算し、市場の試算規模を指数化した加重平均型。特定の銘柄に指数の動きが左右されにくくなっています。

それと比較して日経平均株価は、株価の平均を算出する単純平均型のため、株価が高い「値《ね》がさ株」の影響を受けやすくなります。

大口の機関投資家が運用の指標とするのはTOPIX。日銀もETF買い入れの判断として、TOPIXを使ってきました。

日経平均株価と東証株価指数

日経平均株価

TOPIX（東証株価指数）

出所：「株探」（https://kabutan.jp/）

世界の株価は日本株にも影響大

世界の市況もチェック

日本株は米国株式市場の影響を強く受けます。注目すべき指数は「ダウ工業平均30種」「S&P500」「ナスダック総合指数」の3つ。特にナスダック総合指数はハイテク株の上場比率が高く、注目度が高くなります。

日本株に投資するにしても、アジア株の動きは大切です。プロの機関投資家、とりわけ海外投資家は日本株をアジア株の一部として運用していることが多いため、決して無視できません。なかでも中国株は経済規模、時価総額ともに大きく、その動向が日本株に影響を及ぼすケースが増えてきました。具体的には、中国の上海総合指数、香港のハンセン指数が代表的。両指数が下落すると、日本株も連動して売られる可能性があります。両市場は10時30分にスタートするので、寄り付き直後は見ておきましょう。さらに韓国のKOSPI《コスピ》、台湾の加権《かけん》指数、近年成長が著しいインドのSENSEX《センセックス》指数もチェックしておきたいところです。

最近は仮想通貨も金融の世界で要注目の存在になりました。なかでも代表的なビットコインは投機性が強く、見逃せません。ビットコインが上昇する場面では、短期的な運用資金の動きが活発化し、下落するような場面では、リスク資産からお金が逃げていることを示します。こうした時は、短期狙いの日本株買いは控えるのが無難です。

世界の株価

ダウ平均（米国）

S&P500（米国）

ナスダック（米国）

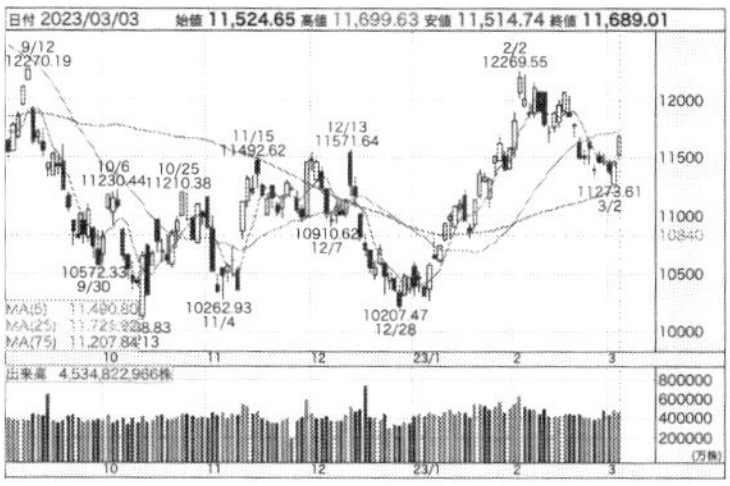

上海総合指数（中国）

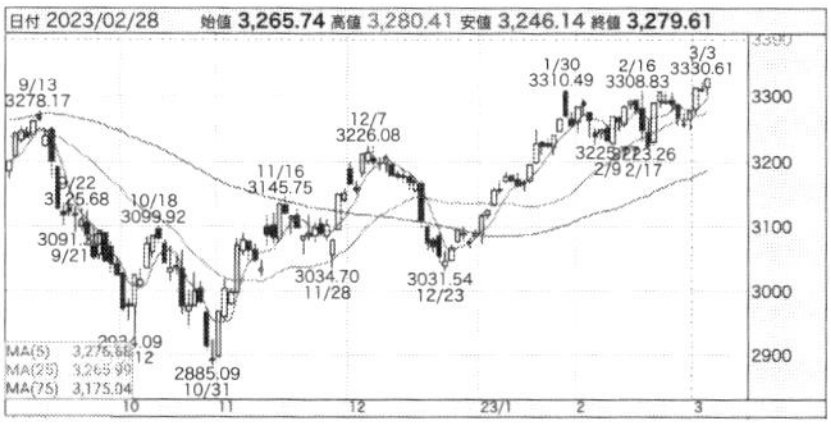

香港ハンセン（中国）

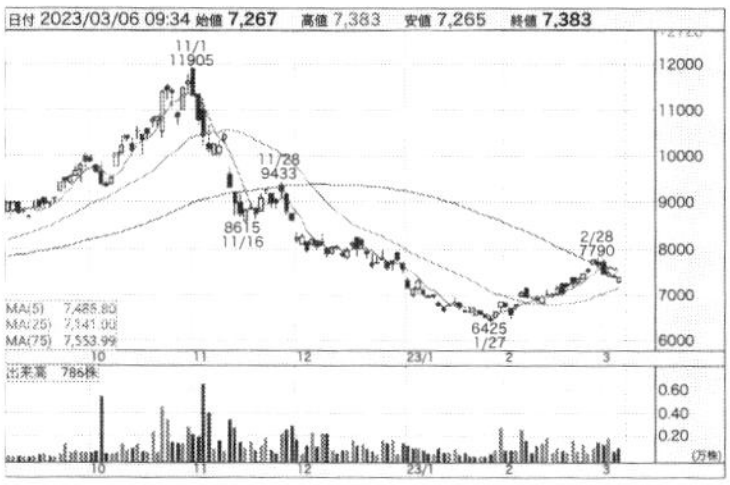

ＫＯＳＰＩ（韓国）

出所：「株探」（https://kabutan.jp/）

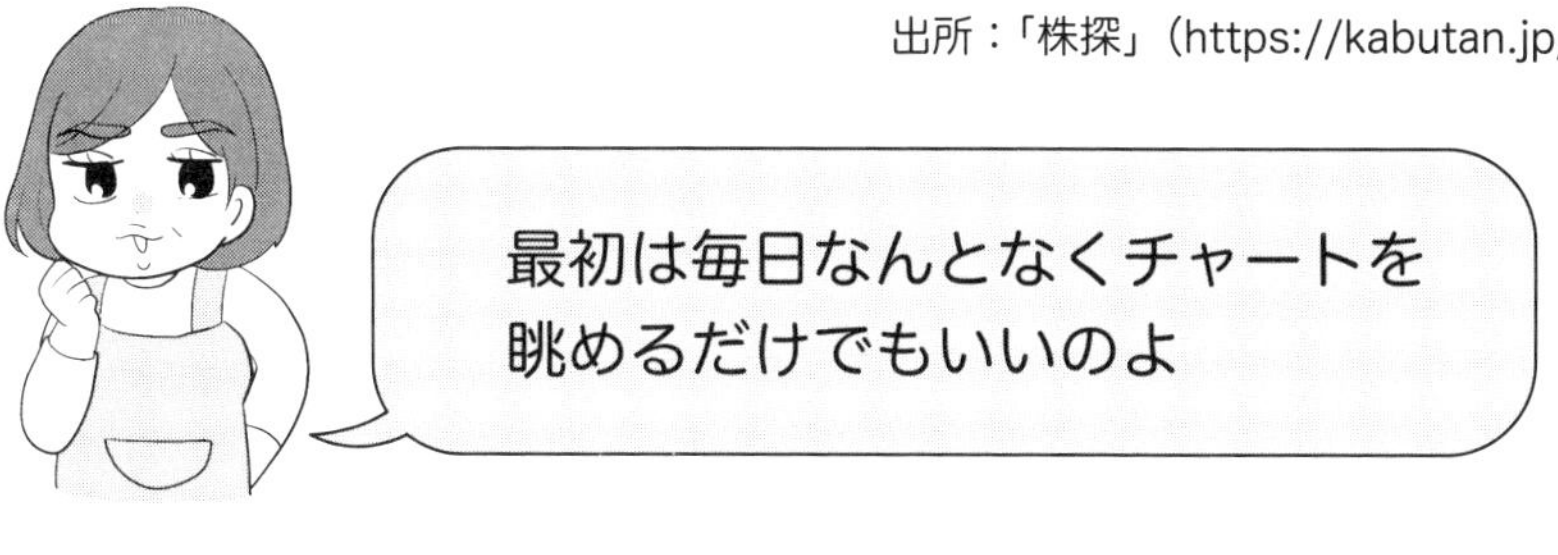

株価のトレンドを読めば儲け幅がアップ！

リズムをつかむことで運用成績が向上

株価の動きのクセを「トレンド」と呼び、先読みのツールとして使われます。株価のトレンドを把握すれば、運用成績を上げることは難しくありません。

株価の動きをよく観察すると、高い安いといった値動きについてリズムがあることに気づきます。いったん株価が上向くと、日々の上下動はありながらも、上がり続ける傾向がありますし、反対に下がると、いつの間にか「こんな値段になってしまった」と驚くほど、ダラダラ下がり続けることも少なくありません。

トレンドは3種類短期売買は順張りで

トレンドは、大きく分けると「上昇」「下降」「横ばい」の3種類だけ。横ばいで推移することを、ボックス圏と呼びます。投資の手法としては「順張り」と「逆張り」があります。

順張りは上昇トレンドに乗って買うこと、逆張りは下降トレンドの時やボックス圏の下限近辺で買うことです。どちらが正しくてどちらが間違っているのかというのはありません。その時々で正解は異なります。

ただ、**短期間で結果を出そうと思ったら、上昇トレンドに乗って買う**、つまり順張りで臨むのが鉄則です。

売買はトレンドを読む

トレンドとは、株価の動きのクセのこと。

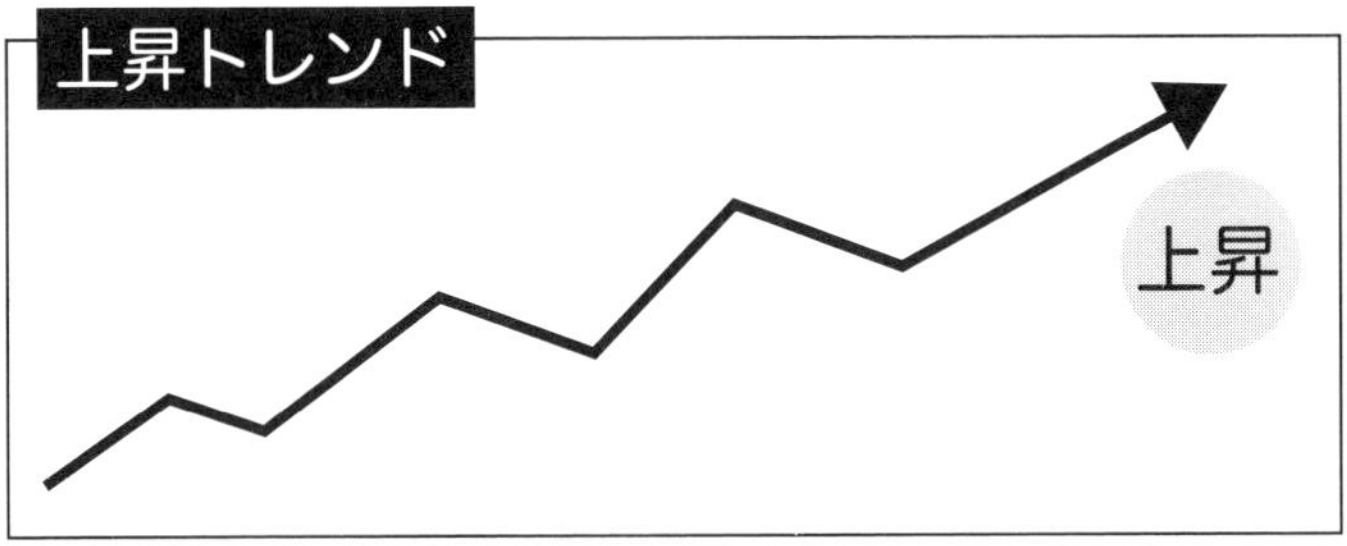

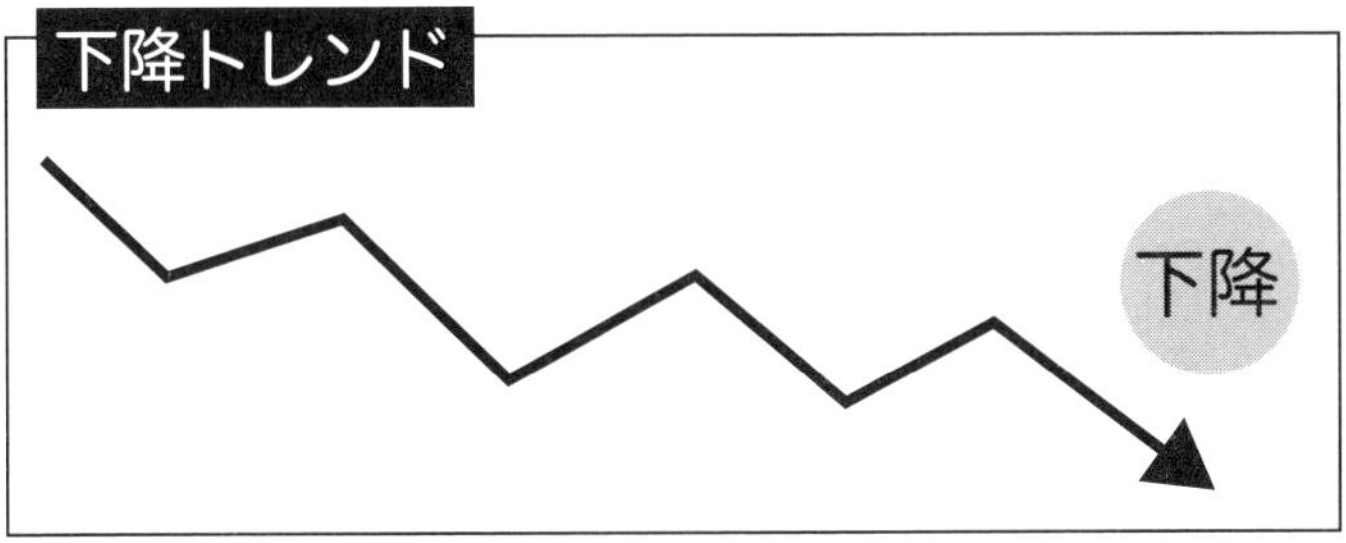

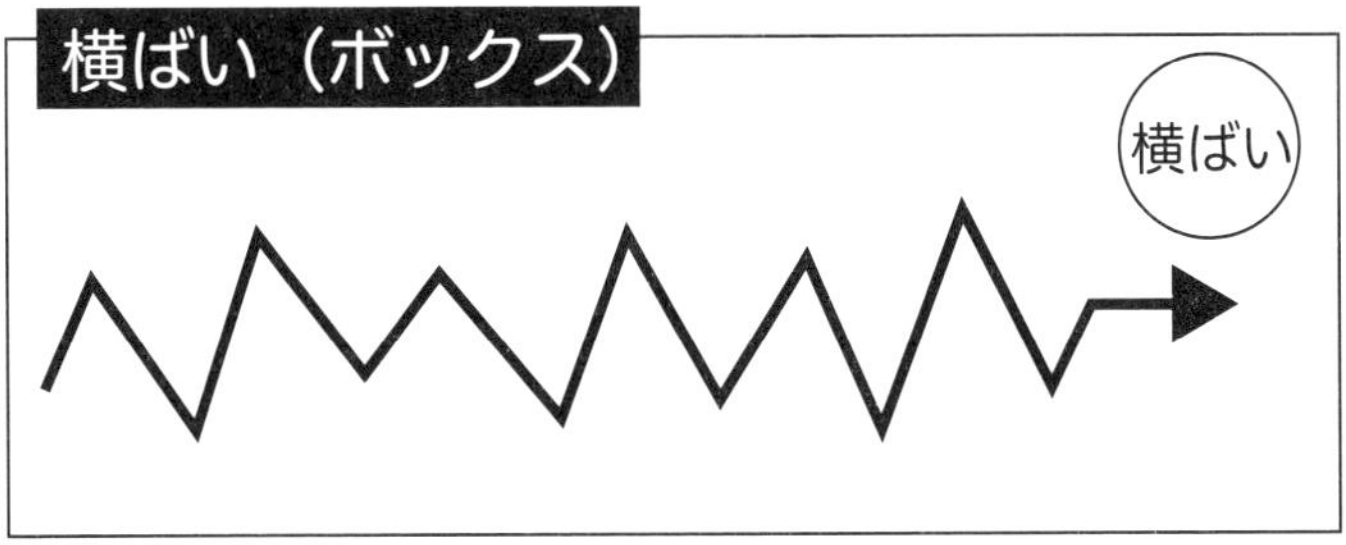

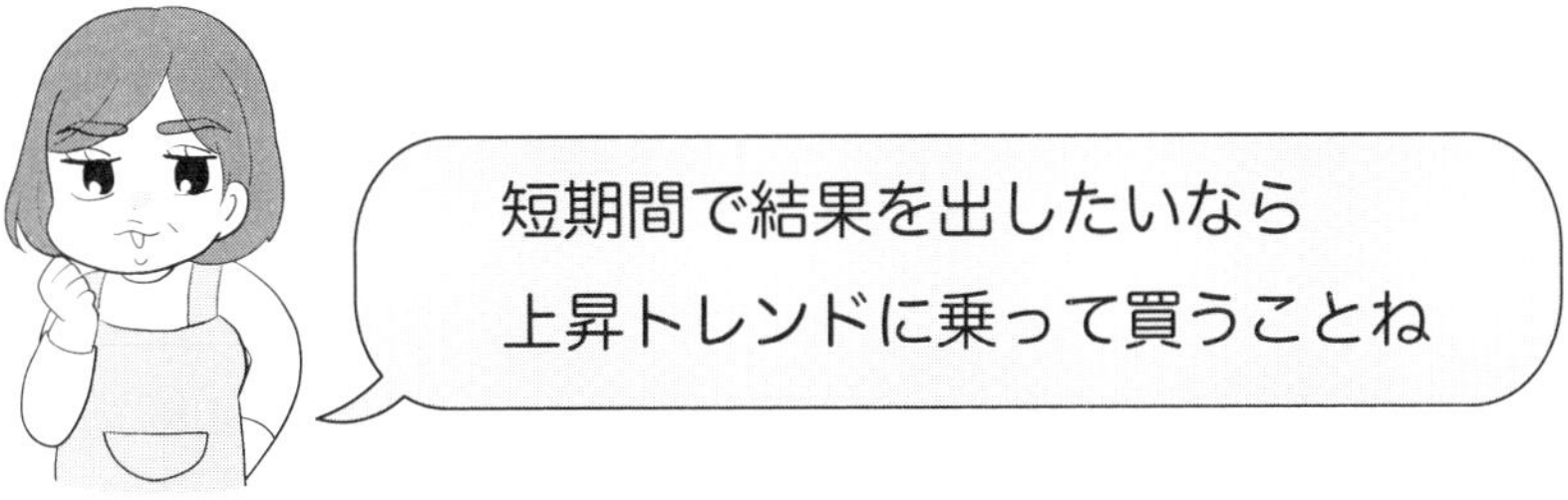

チャートを使いこなそう！ローソク足は基本中の基本

江戸時代から使われるローソク足チャート

株価のトレンドを的確に見極めるには「チャート」（罫線表《けいせんひょう》）が欠かせません。チャートを使ってトレンドを見極めることをテクニカル分析といいます。世界中の投資家がさまざまなパターンのチャートを活用しています。

日本では黒と白のローソクであらわす「ローソク足《あし》」を使用します。これは、米《こめ》相場が活発化した江戸時代から使われ、今なお重視されているチャートです。

初心者であれば、まずはローソク足が上向きなのか下向きなのか、トレンドを感覚的に把握するだけで十分です。この時注目したいのが、ローソク部分の上下に引く「ヒゲ」。

ローソクやヒゲの長短によって動きの変化を読み取ります。一つのローソク足で、「高値」「安値」「始値《はじめね》」「終値《おわりね》」の4つの株価を表しています。白または赤いローソクを陽線、黒または青いローソクを陰線と言います。陽線は、胴体の上部が終値、下部が始値。陰線はその逆になります。ローソク足はこのようにヒゲと胴体の組み合わせで複数の情報を伝えています。

またローソク足チャートは、取り上げる期間によって「日足《ひあし》」「週足《しゅうあし》」「月足《つきあし》」「年足《ねんあし》」があります。短期売買なら「日足」、中・長期投資であれば「週足」と使い分けます。ちなみにデイトレーダーは「1分足《ぷんあし》」「5分《ふん》足《あし》」という短いチャートも駆使しています。

ローソク足チャートの基本

ローソク足の基本

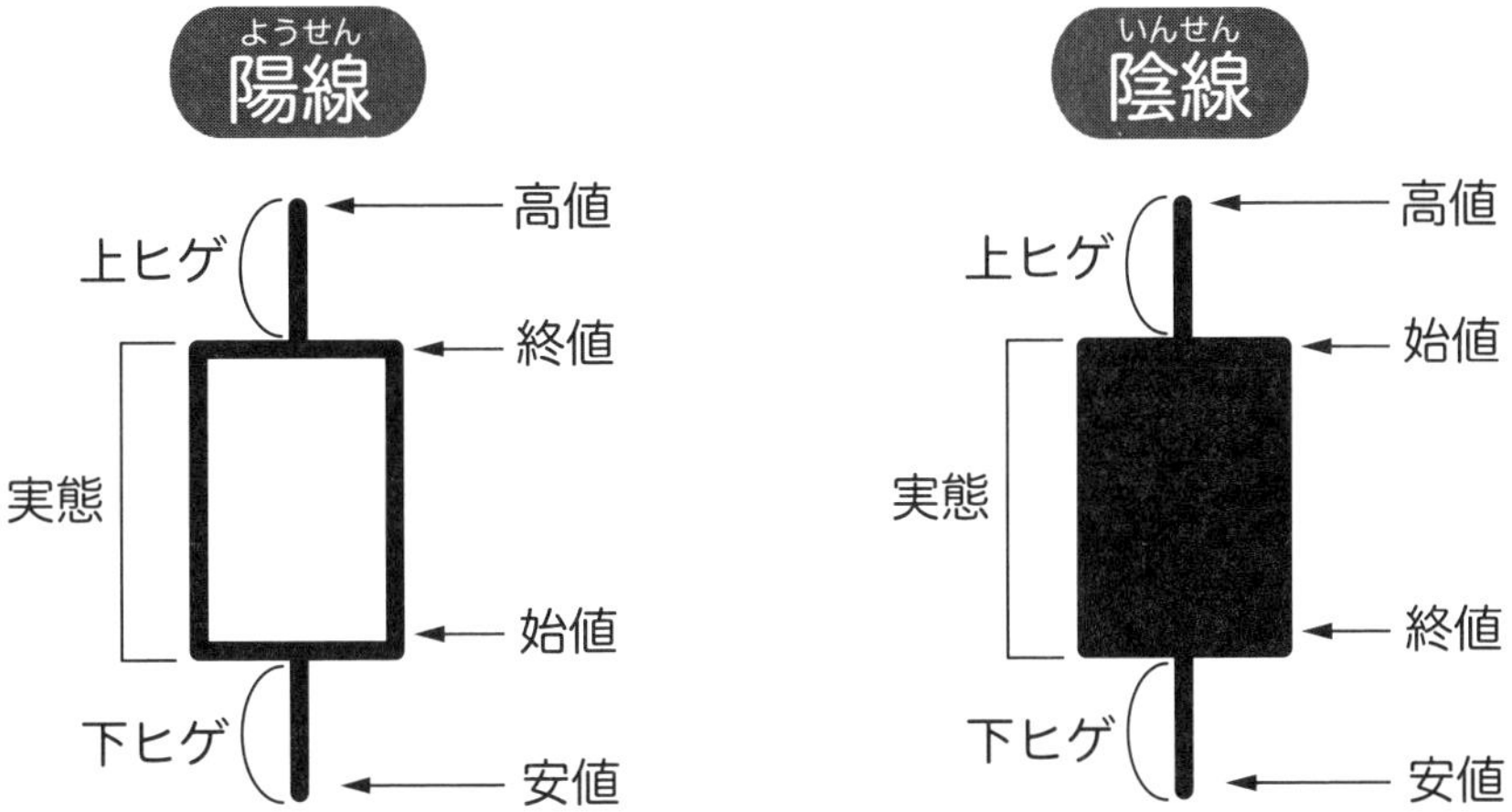
陽線《ようせん》
上ヒゲ
高値
終値
実態
始値
下ヒゲ
安値
陰線《いんせん》
上ヒゲ
高値
始値
実態
終値
下ヒゲ
安値

終値が始値より高い　　終値が始値より安い

用語解説

四本値《よんほんね》とは	
始値《はじめね》	期間中、最初に取引された値段
終値《おわりね》	期間中、最後に取引された値段
高値《たかね》	期間中、最も高く取引された値段
安値《やすね》	期間中、最も安く取引された値段

陰線と陽線

陽線

始値より終値が高いもの（赤や白で表示されることが多い）

陰線

始値より終値が安いもの（青や黒で表示されることが多い）

移動平均線って何？

相場のトレンドを大まかにつかむチャート

トレンドをつかむのに最適なのが移動平均線と呼ばれるテクニカル指標です。これはある一定期間の株価の平均線をつないだもので、株価水準を知ることができます。株価水準を知ると、この後の値動きを予測することができるのです。移動平均線には、「5日移動平均線」「25日移動平均線」「50日移動平均線」「75日移動平均線」などがあります。

移動平均線の出し方は、数日分の終値を合計して平均値をグラフ化します。たとえば「5日移動平均線」であれば、過去5日間の終値を合計し、それを5で割り、毎日線でつないでいきます。平均値を見ることで、さまざまな値動きがあったとしても、だいたいの流れをつかむことができます。

相場の潮目をより的確に読むなら、短期トレードと長期トレードでチャートを使い分けます。短いスパン、長いスパン、それぞれの移動平均線を、ローソク足チャート上に引くと、株価の方向性がさらにわかるのです。短期トレードでは日足チャートの5日線や25日線。長期トレードには日足チャートの200日線、週足チャートの13週線、26週線。このように、短期と長期で使い分けて読んでいきます。

いずれの移動平均線も、上向きなら上昇トレンド、下向きなら下降トレンドと判断できます。

移動平均線とは

上昇トレンドの例

ヤクルト本社【2267】週足

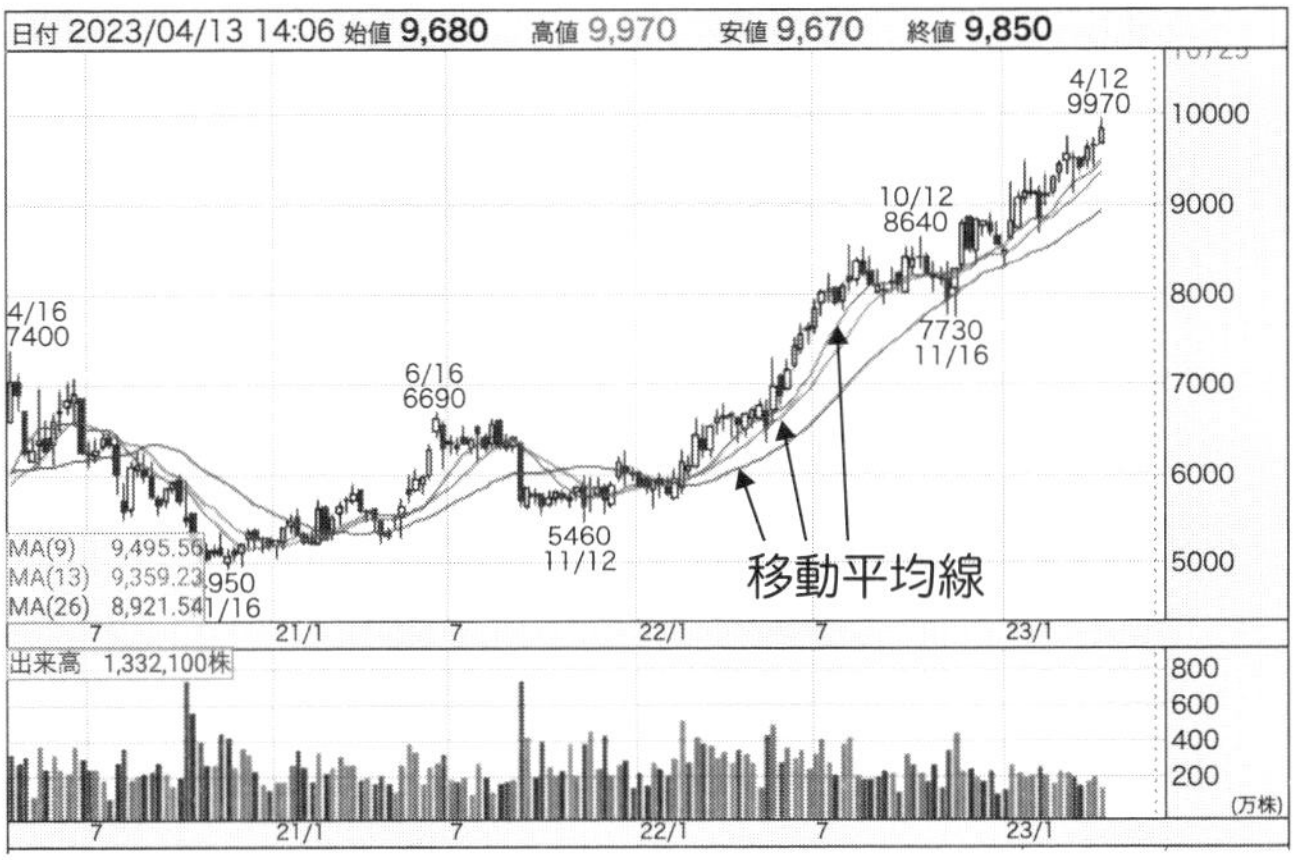

下降トレンドの例

エムスリー【2413】日足

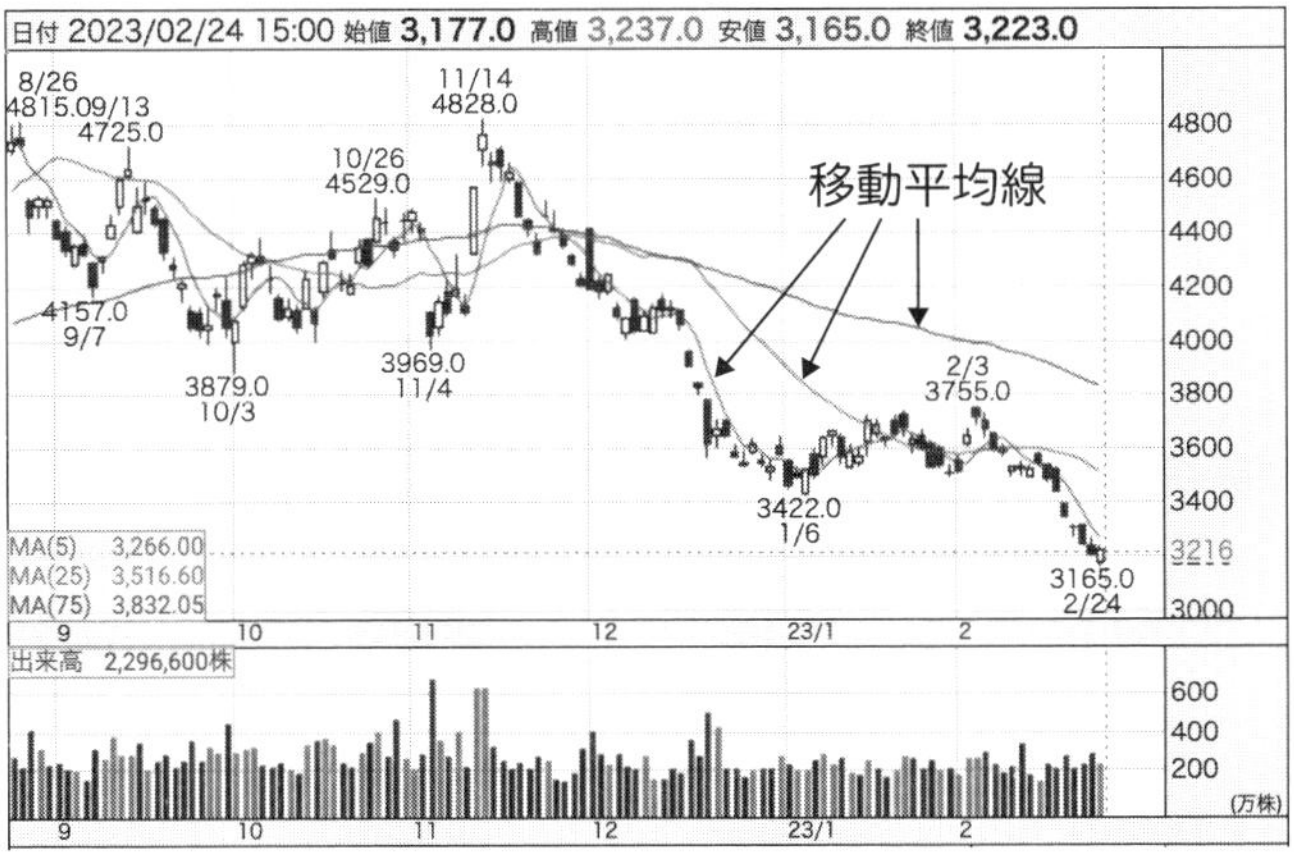

出所：「株探」（https://kabutan.jp/）

ワンランク上のチャート必勝法
ケーススタディ①「ローソク足」

一本のローソク足に売買の重要なヒントが隠されている

株のチャートを見ないで売り買いをする人もいますが、それは無謀です。必ずチャートを見てから取引しましょう。

一般的に、ポピュラーなのがローソク足。一本一本のローソク足には重要な意味とヒントが隠されており、これを知っておけば売買のタイミングをつかむことができます。

ローソク足は、一本だけでも株価の方向性を表すことがありますが、より正確に判断するには、何本かの組み合わせが必要です。

たとえば音楽の譜面は、フォルテシモやピアニッシモがあり、サビがあって変調がありと、おたまじゃくしに動きがあります。ローソク足も同じと考えてみてください。

ローソク足で最も重要なのは、ヒゲの長さです。特に長い上ヒゲを引いたときは、上昇相場の終了。一方、非常に長い下ヒゲを引いたときは、下落相場の終了を意味します。

長い上ヒゲは、銘柄が人気になりみんなが集中して買いに行った状態。長い下ヒゲは、みんなが一斉に売りを出した状態。そんな相場が読めます。チャートのローソク足には、そういうシグナルが込められているのです。

だから、長いヒゲは、相場の転換点を意味します。業績が良くても悪くても、長い上ヒゲが出現した時は、買ってはいけません。反対に、長い下ヒゲが出現した時は、業績見通しがよくなくても、反発する動きを狙って買うのも良いでしょう。

重要なローソク足パターン

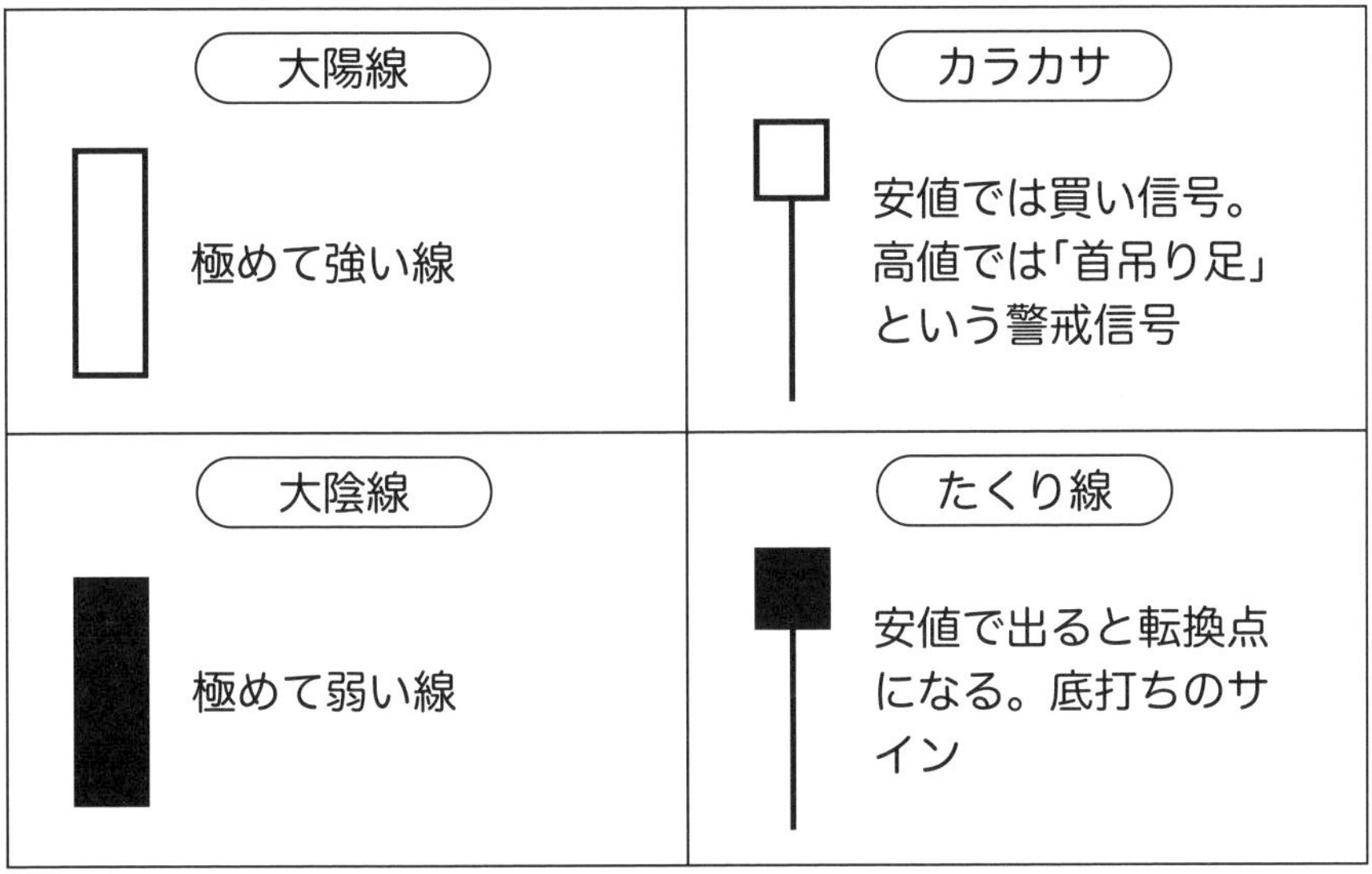
大陽線
極めて強い線
カラカサ
安値では買い信号。
高値では「首吊り足」
という警戒信号
大陰線
極めて弱い線
たくり線
安値で出ると転換点
になる。底打ちのサ
イン

ソニーグループ【6578】週足

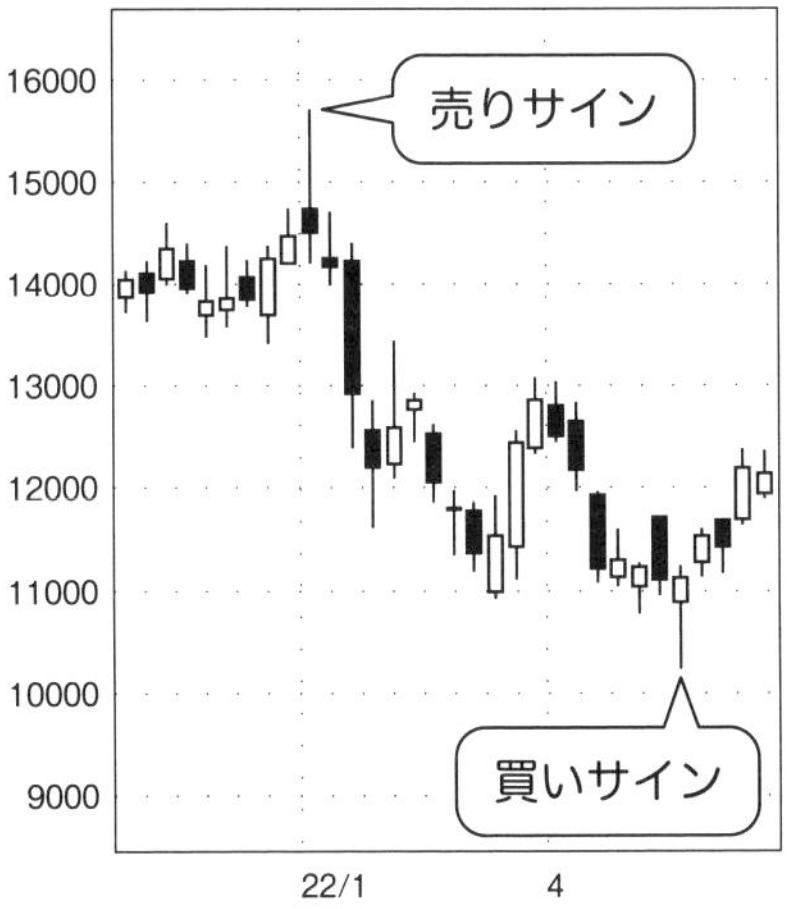
16000
15000
14000
13000
12000
11000
10000
9000
売りサイン
買いサイン
22/1
4

「株探」（https://kabutan.jp/）
掲載チャートより作図

　ソニーグループ［6758］の週足を見ると、2022 年 1 月に高値を付けた際、長い上ヒゲが出ていた。これは絵に描いたような売りサイン。このサインが出た直後は、売買を見送ったほうが賢明。

　その後、5 月に安値を付けた際は、長い下ヒゲを引いて、そこが底値になった。強く見える長い下ヒゲが、高値圏で出た場合でも、これは「首吊り足」と呼ばれる天井形成のサイン。

ワンランク上のチャート必勝法 ケーススタディ②「十字足」

高値圏での十字足は売りサイン？

十字足は、天井形成を見極める典型的な「売りサイン」です。上昇を続けて上がり切ったと思われるところで出現することが多いのです。高値圏で出るときは、そこで売り買いがきっ抗しているということ。それまでの勢いが止まる訳ですから、基調（相場の大きな流れのこと）が転換と判断できます。

これが出た後は買い見送り。保有している銘柄であればいったん売って利益確定をしてみましょう。例としてレーザーテック［6920］をチェックしてみてください。

安値圏での十字足は買いサイン？

反対に、安値圏で十字足が出た場合はどういう状態か。それまでは、売りが買いよりも多く、優勢な状態が続いていました。しかし、買いが入るようになって、それまでの下げトレンドから転換しようとしている——そう判断できる足取りです。

ラクーンホールディングス［3031］のチャートでは、下げのトレンドが十字足を形成した後に変化したことが読み取れます。高値圏、安値圏のいずれでも「十字足」出現は要注意です。

十字足の事例

レーザーテック【6920】週足

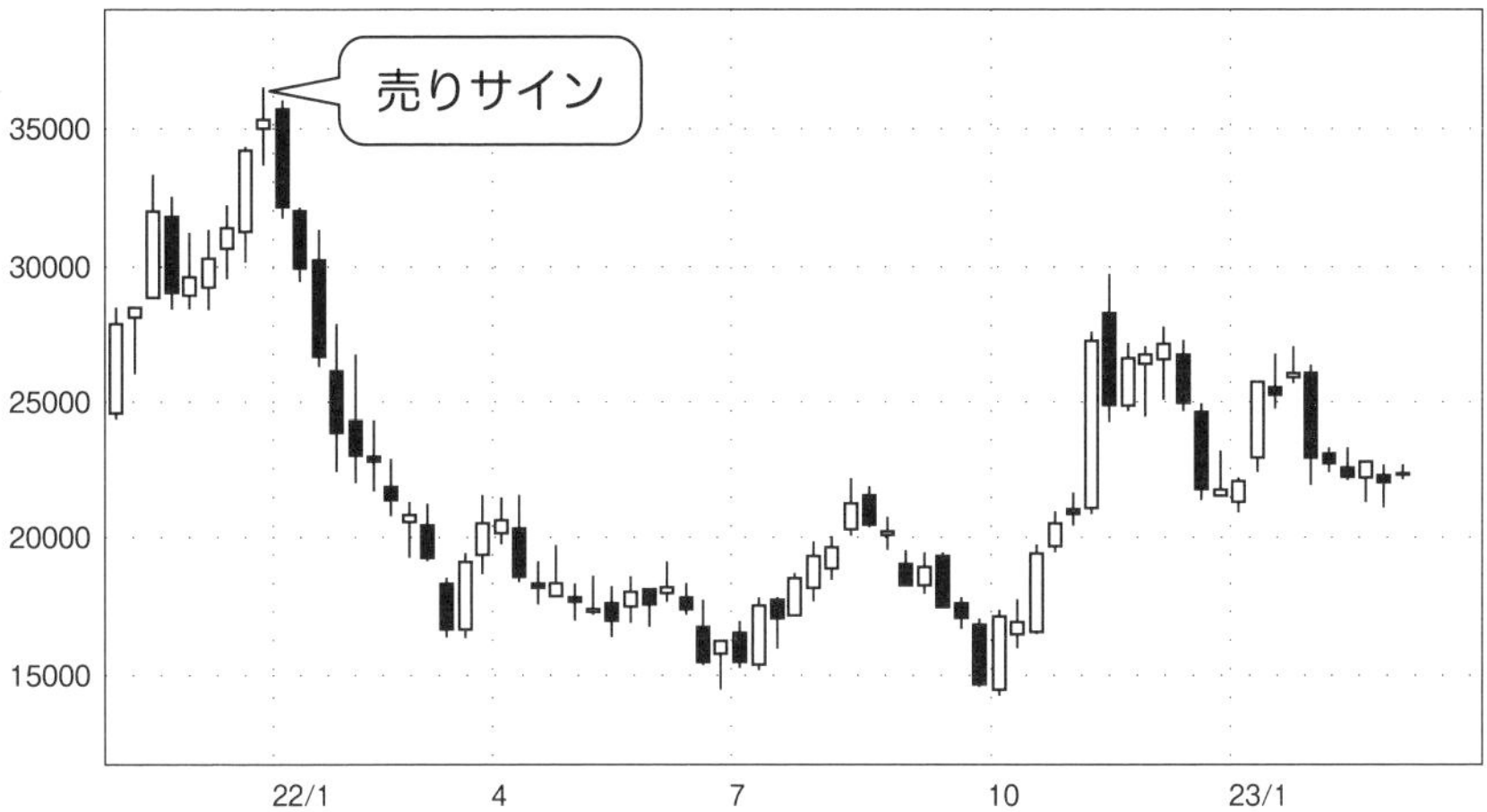

ラクーン ホールディングス【3031】週足

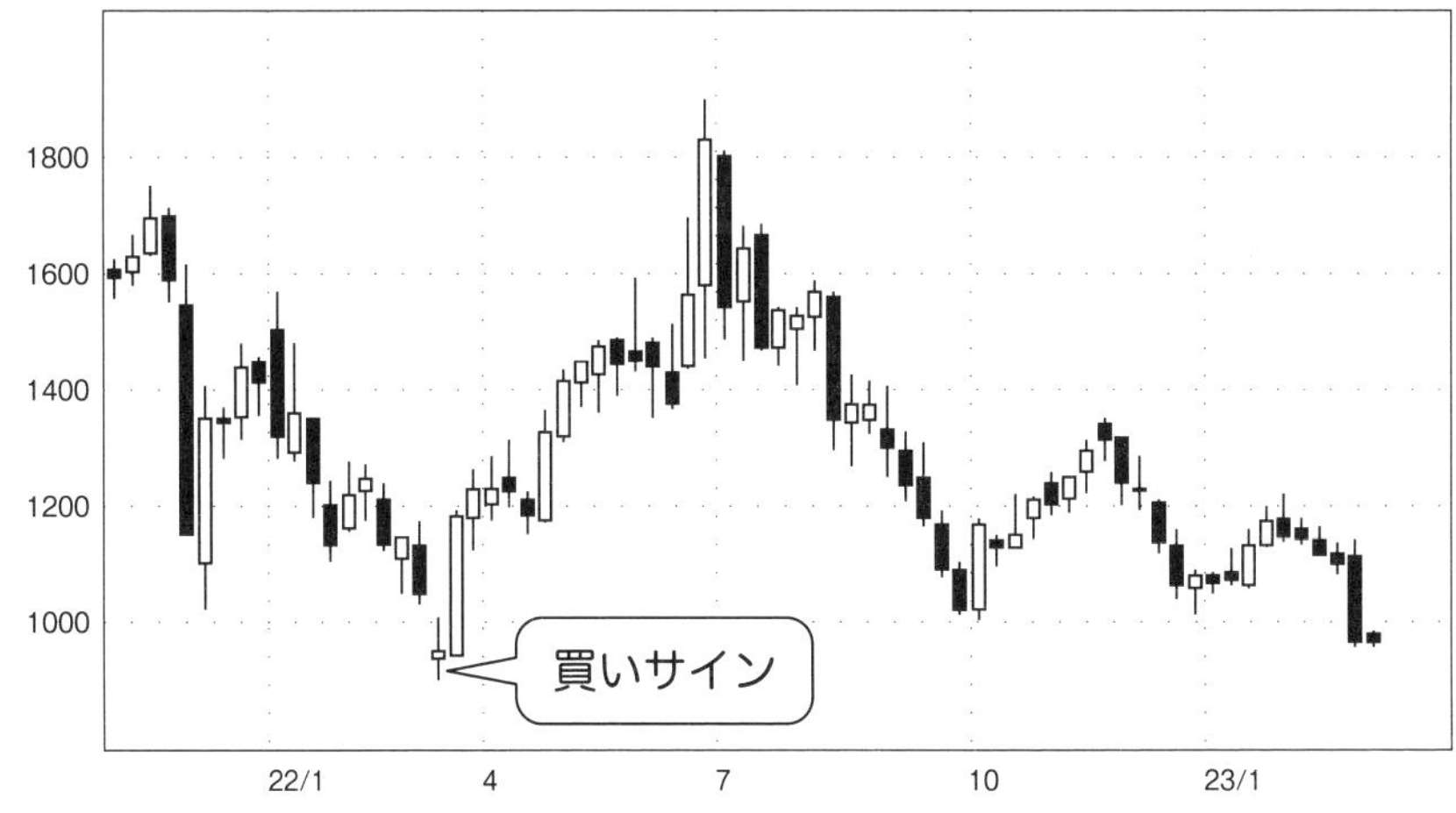

「株探」（https://kabutan.jp/）掲載チャートより作図

ワンランク上のチャート必勝法 ケーススタディ③「トレンドライン」

トレンドライン突破は買いまたは売りのサイン

株価のトレンドは大きく分けて3つ、「上昇」「下降」そして、ボックス波動とも呼ばれる「横ばい」しかありません。このうち、新規に中長期の買い対象としてマークしたいのが底値圏で横ばい、つまり、底値もみあいとなっている銘柄です。

トレンドラインとは、その銘柄が上下いずれの方向に動いているのかチャート上で示すラインのこと。株価は上下を繰り返しますが、高値を形成した後、戻り高値が前の高値を抜けなかった場合、それを結んで線を引くと右肩下がりのトレンドラインになります。反対に、安値を結んで描く線が右肩上がりの場合、それは上昇トレンドライン。そこが支持線と呼ばれる底値のメドになることが少なくありません。

ファーストリテイリング［9983］の日足チャートを見ると、トレンドラインを上にブレークした後、上昇していることがわかります。

一方、先行きの見通しが暗いと下げますが、底値もみあいの銘柄は、売りが途切れた格好で反発のタイミング、つまり業績の上向きが読める状況になるのを待っている段階と言えます。例に挙げたレノバ［9519］の日足は典型的な底もみ離脱のチャートです。

トレンドラインは売買のサイン

ファーストリテイリング【9983】日足

レノバ【9519】日足

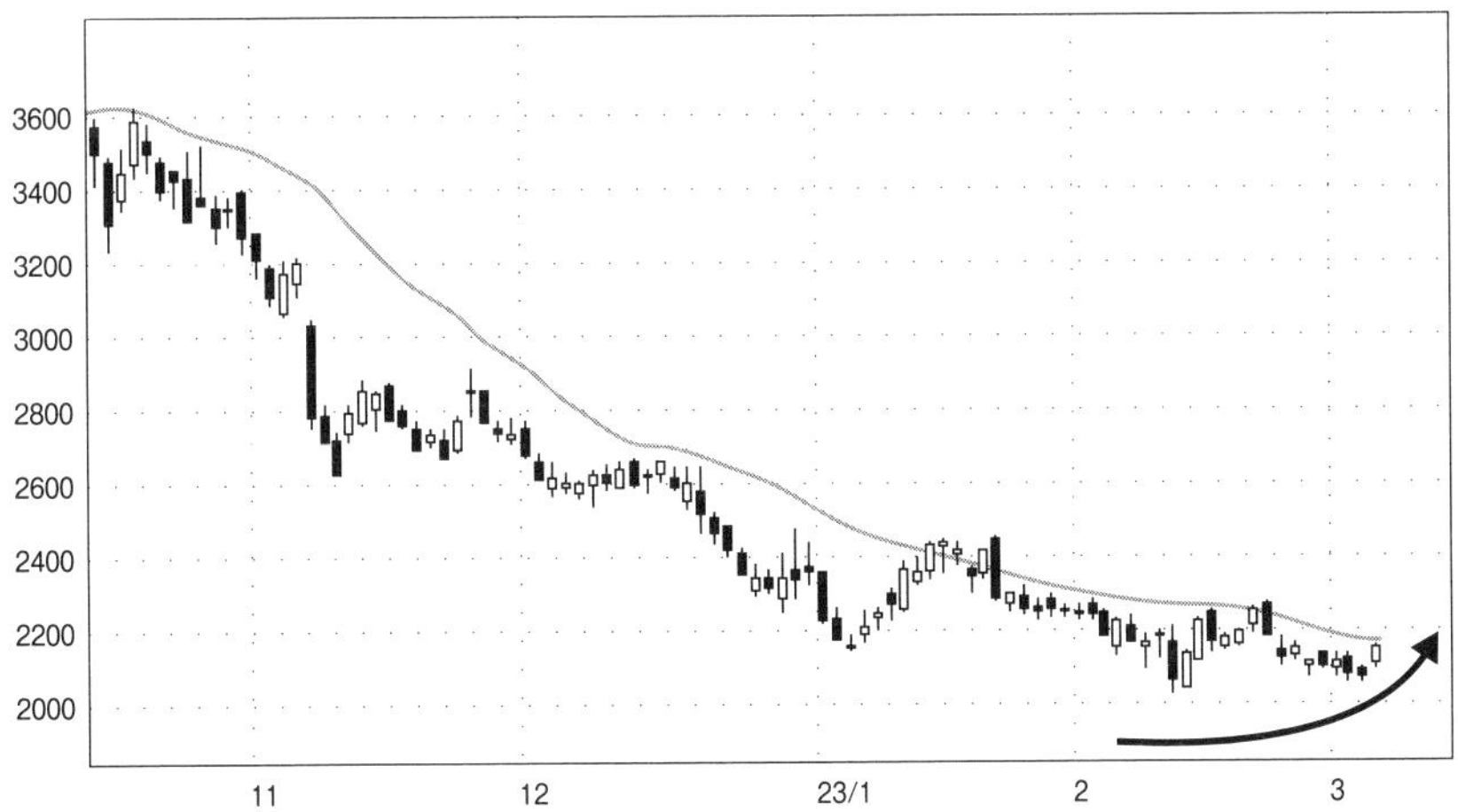

「株探」(https://kabutan.jp/)掲載チャートより作図

ワンランク上のチャート必勝法
ケーススタディ④「三尊天井と逆三尊」

三尊天井・逆三尊はトレンドの大きな転換点

「三尊天井」は典型的な天井形成のパターンで、大相場を演じた銘柄などに現れやすい形状です。天井圏まで上昇した後、3回目の上昇で付けた高値が1回目の高値を上回り、2つの高値を結んだ線（ネックラインと呼ぶ）を下抜けた場合、三尊天井が確定します。この名称は釈迦三尊像に由来、英語ではヘッドアンドショルダーと呼ばれます。

長くチャートを見ていると、この三尊天井が多いことに気が付きます。上昇を続けていた株価が、高値警戒感から少し相場が下がり、チャンスとばかりに買いが入りますが、再び株価は上昇し、高値を更新します。しかし再び売り方に押されて反落。安値水準で買いが入っても続かず、株価は下落していきます。簡単にいうと強力な売りシグナルです。例として東京エレクトロン［8035］の週足が挙げられます。

逆に、底値形成で出やすいパターンとして「逆三尊」があります。簡単に言えば買いシグナルです。

「逆三尊」は三尊天井を逆にした形で、3回目の下落でつけた安値が1回目の安値を上回るパターン。逆三尊は強力な買いサインとなります。

三尊天井と逆三尊

三尊天井（トリプルトップ）

一回目の高値を一度は超えても、再びは超えられない下降トレンド。

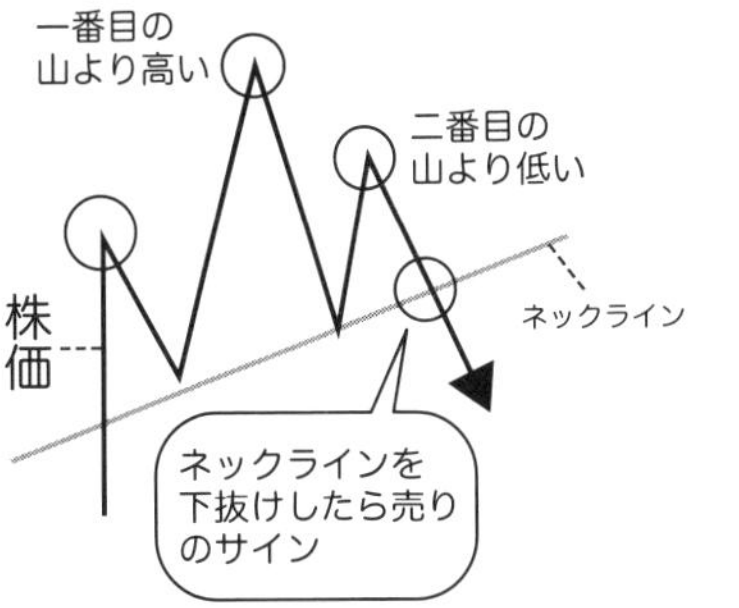

逆三尊（トリプルボトム）

一度大きく下落しても、これ以上は下がらない上昇トレンド。

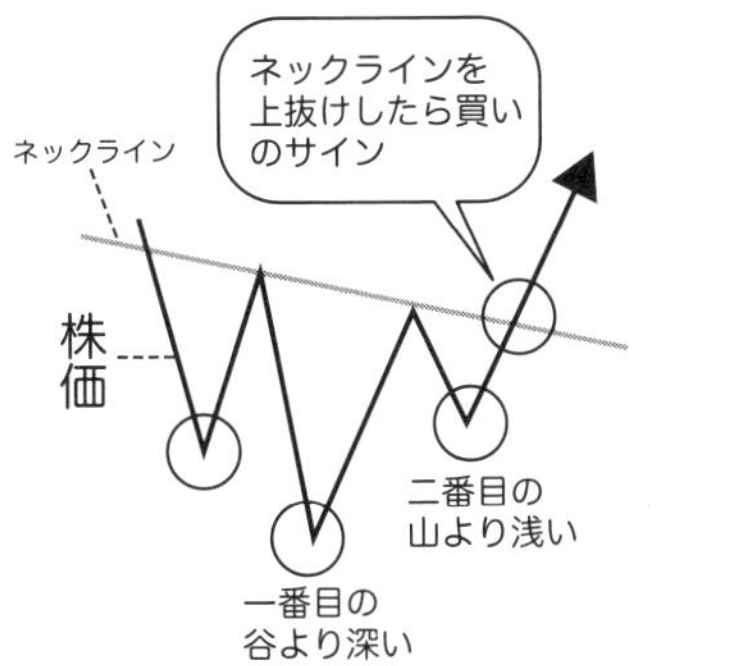

三尊天井と逆三尊の例

東京エレクトロトン【８０３５】週足

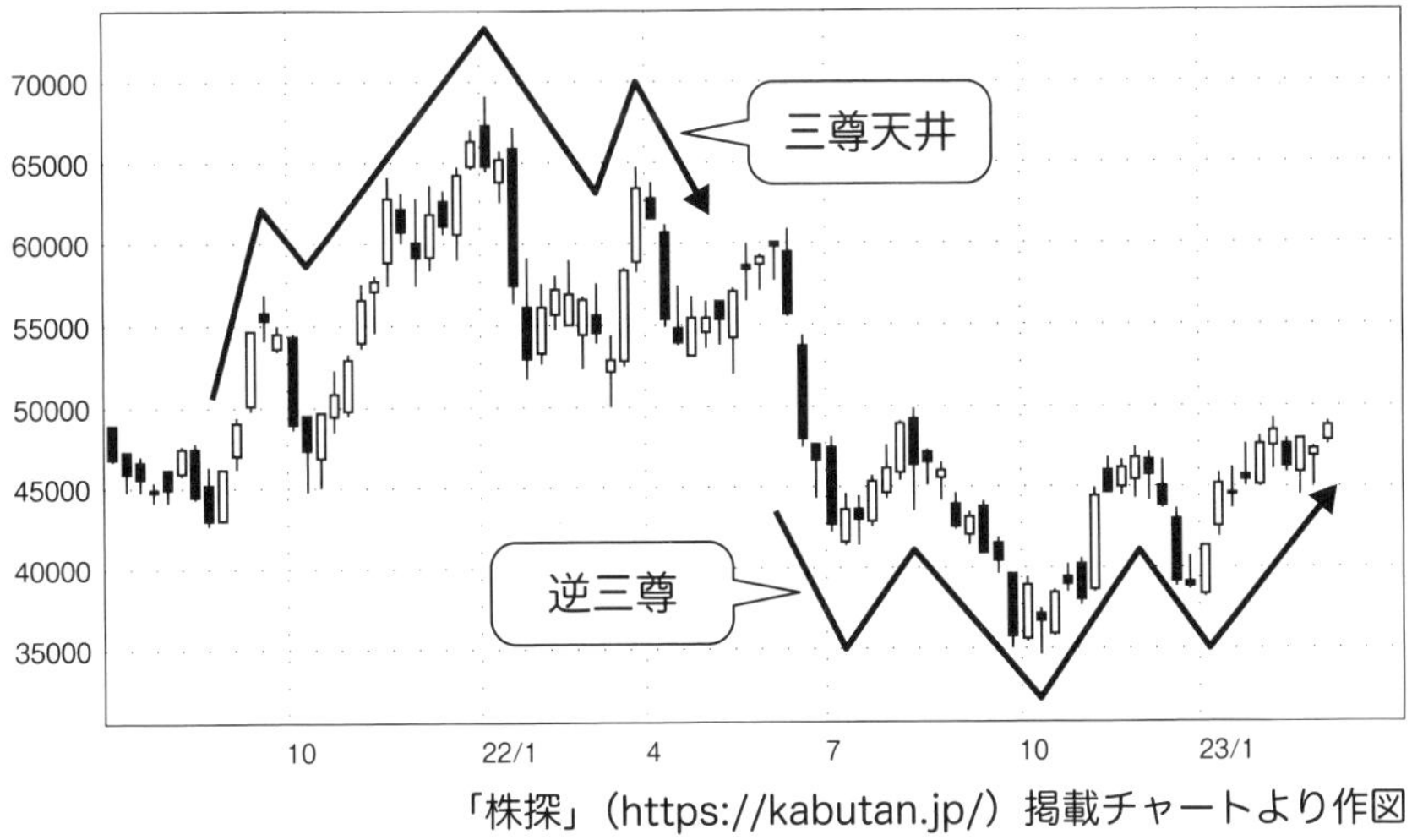

「株探」（https://kabutan.jp/）掲載チャートより作図

ワンランク上のチャート必勝法
ケーススタディ⑤「ダブルトップとダブルボトム」

二度目に抜け切れたら買い
抜け切れなければ様子見

ダブルトップとは、Mの形をしたチャートパターン。最初に天井を付けに行き下落、再び高値近辺まで上昇しますが、結局抜けずに下げに転じます。前の高値を抜いたら強い相場を示し、追撃買いの好機となります。

しかし、抜け切れずに同じ水準で2度高値を付けて反落したら、強力な天井形成のサイン。その直後は内容が良いと思っても近づかないほうがいいでしょう。JT［2914］の2022年6月相場はまさにそれ。ただし天井のサインとしてはとても強力なので、後日、ダブルトップを上抜いた場合は、迷わず買える状態となります。

ダブルボトムで
下値は盤石に

反対に、2回目の安値で最初の安値を大きく割り込むことなく、同水準で反発した場合は、その2つの安値を結んだ線が強力な下値支持線になります。ちょうどアルファベットの「W《ダブリュー》」のような形になるパターンです。Wを形成する戻り高値を更新した場合は、ダブルボトムが確定し、下値は盤石になるとともに買いサインになります。

日本電信電話（NTT）［9432］は、2022年8月と12月の両方の安値でダブルボトムを形成。その後は上昇トレンドを描き、買いのタイミングであったことがわかるでしょう。

ダブルトップとダブルボトム

JT（日本たばこ産業）［2914］週足

日付 2023/04/13 14:14 始値 2,782.0 高値 2,815.5 安値 2,777.0 終値 2,792.5
2910
2800
2600
2400
2200
2000
1800
7
21/1
7
22/1
7
23/1

出所：「株探」（https://kabutan.jp/）

日本電信電話（NTT）［9432］週足

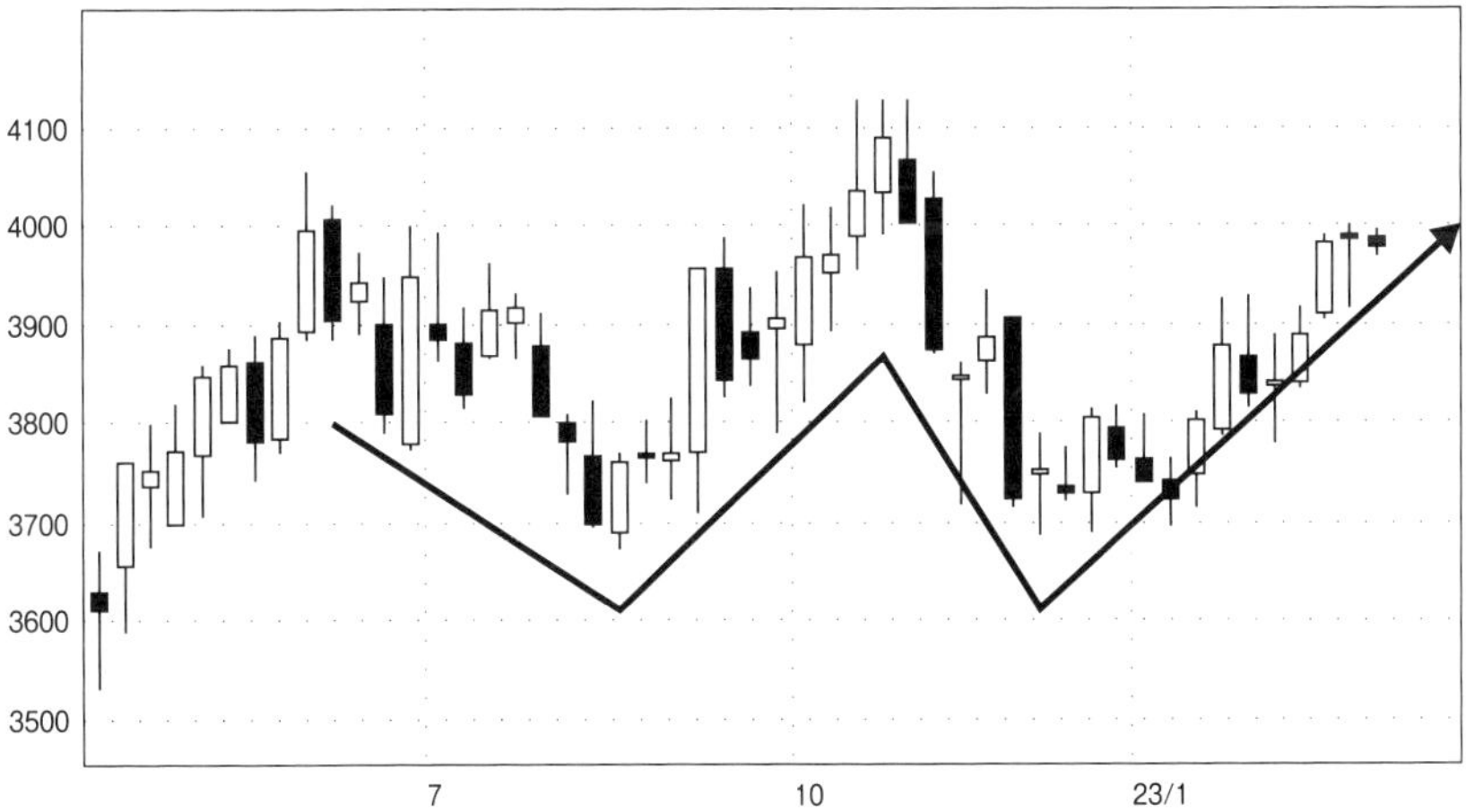
4100
4000
3900
3800
3700
3600
3500
7
10
23/1

「株探」（https://kabutan.jp/）掲載チャートより作図

ワンランク上の必勝法 IPOで資産倍増にチャレンジ

FIREを目指したいのなら、IPOをポートフォリオのなかに組み入れておくことをおすすめします。

IPOとは「Initial Public Offering」の頭文字。Initial＝最初の、Public＝公開、つまり「新規公開株式」を意味します。初めて株式を取引所に上場する銘柄のことです。

IPOをおすすめする理由として、新規に公開する銘柄は、成長期待から人気化して、初値で株価が3〜5倍となるケースがしばしばあるからです。

たとえば、IPOは、業界「初モノ」などのベンチャー企業が代表格。また、ITなどとマッチングすることで古い業態に風穴を開けて、「構造改革」を行う企業もあります。いずれにしても成長性が期待できる銘柄が多いのです。

実際にあったケースとしては、eスポーツ事業関連で初めての上場企業となったウェルプレイド・ライゼスト［9565］。初値は公開価格1170円に対して、なんと約5・3倍の6200円になりました。このような銘柄を手にして資産を倍増できればいうことありませんね。

このように、成長性が期待できるIPOがあったら、是非ともゲットしたいところ。ただし、どんな会社でも良いわけではありません。上場ゴール（上場したはいいが、業績の下方修正をして株価を下げてしまうこと。上場がゴールになってしまっている）してしまった会社もあります。ですから、会社概要や企業の成長性などをきちんと把握しておくことが重要です。また、内容は優れていても、上場時の地合《じあ》い（相場の状態）が悪ければ、思うように上昇しないこともあります。場合によっては公開価格を下回ることもあるので、注意する必要があります。

では、IPO銘柄はどのように購入すればいいでしょうか。

まず、IPOスケジュールは各証券会社で調べればすぐにわかります。証券会社に情報がなければ、株式情報サイト「トレーダーズ・ウェブ」（https://www.traders.co.jp/ipo/schedule）などを活用するのもいいでしょう。

人気のあるIPO銘柄は応募が集中しますので、申し込んだら、ほとんどが厳正なる「抽選」となります。運よくこの抽選に当たったら、公募価格の株数に応じた金額を払い込む、もしくは相当の金額を必ず口座預り金に置くことが必須になります。その意味でも普段から資金に余裕を持たせたほうが良いのです。

IPO銘柄の申し込みは、対面証券会社でもネット証券会社でもどちらからでもできます。ただし、証券会社によっては扱っていないIPO銘柄もあります。主幹事証券会社（上場を目指す企業をサポートする証券会社。株式の募集から売り出しまで中心的な役割を果たす）は、公募株、売り出し株の配分が多くなりますので、必ず確認しておきましょう。配分される株数が多ければ、抽選に当たりやすくなります。

IPO銘柄の購入手順

① IPO銘柄の情報を収集（証券会社に問い合わせるか、トレーダーズ・ウェブなどでチェック）
↓
② IPO主幹事もしくは幹事証券会社に口座開設を完了しておくこと
↓

③　IPO銘柄を証券会社に申し込む。目論見書《もくろみしょ》で会社概要をチェック。

↓

④　ブックビルディング（IPO株をいくらで何株を申し込むかという申告）に参加。購入予約を積み重ねてどのくらいの価格で買えるかを予測。提示される仮条件・上限の範囲内で参加すること。

↓

⑤　公募価格が決定し、抽選結果が発表（はずれた場合は、証券会社の口座にポイントが付くところもある）。

↓

⑥　上場！（上場後はいつでも売却できます。人気がある銘柄は、初日は買い気配のままで値段が付かない場合も）

IPOの注意点

・上場、初値天井となり、2度とその値段に戻ってこないケースもあります。

・株主にベンチャーキャピタルが入っている場合、ロックアップ条項というものがあり、大量の株式が売られて需給悪化が懸念されることも。

株のお姉さんからのアドバイス

ブックビルディングには注意点があります。その口座で一定期間の取引実績や、購入金額相当の預かり資産がない人は申し込めません。そのためにも、初めから複数の証券会社に口座開設したほうがいいのです。ある個人投資家はIPOを手に入れたくて、地方の証券会社にも口座を開設しました。儲けるためには労を惜しんではいけないというお手本ですね。

株ママ POINT 8

流行のスキャルピング取引とは？

株式投資を期間ごとに分けると、一般的に次の4つに分類されます。

●**中・長期保有**……数か月〜数年単位の長く保有する投資法
●**スイングトレード**……数日〜数週間単位で売買を行う短期トレード
●**デイトレード**……数時間〜1日単位で完結する、日計りで売買するトレード
●**スキャルピング取引**……秒単位〜分単位の超短期売買で何回も売買するトレード

ここから、4つの時間軸投資法を考えることができます。

株式投資に対する考え方や目的、その人の性格などにより、主軸とする投資法は異なりますが、最近の専業トレーダーの中で、最もポピュラーな投資法が「スキャルピング取引（略してスキャ取引）」です。

スキャルプ＝SCALPとは「頭皮を剥ぐ」という意味があります。薄い皮を何枚も剥くように、わずかな利幅を幾重にも蓄積して儲けていく投資法で、その性格上、

損失も小さくて済むため、それが利点と言えるかもしれません。

スキャ取引は信用取引の一種になります。数秒から数分程度の、極端に短い時間で何回も売買を繰り返し、小さな利益をコツコツ積み重ねながらトレードします。最近、Z世代では、動画を2倍速で見るか、始めの数分間しか見ないなど、世界的にもタイムパフォーマンスを重視する傾向があります。この本では長期投資をすすめていますが、実際、「3年で何十倍にもなる可能性があるのでじっくり投資をしましょう」と話したところで、若い人には響かなくなりました。それよりもアルゴリズムに対抗して、目先の数万円の利益を積み重ね、「塵も積もれば山となる」投資を重視する人が増えたのです。


スキャ取引やデイトレーダーはどう売買しているのか。

ボラテリティ（値幅、動きがある）があり、出来高の膨らんでいる銘柄は、彼らに狙われやすくなります。その際注目するのが1日の始値＝寄り付き。それよりも株価が高くなっていれば、順張りで売っては買い戻しの繰り返しで、こまめに利益をコツコツと積み上げていくことができます。信用取引を利用すれば、同一銘柄を何十回、何百回取引することが可能です。

反対に、後場寄りの株価が寄付き＝始値より安くなっていたら、後場、相場のダレる時間があります。それをチャンスとして活用するのです。たとえば、午後1時半〜、午後2時〜、または午後2時半〜あたりで、始値に比べてかなり安くなっていたら、その銘柄をロスカットするため、大きく下落するパターンがあります。その可能性を考慮して、買いを入れてみましょう。

値動きの荒い、ボラティリティのある銘柄には、そういうスキャ取引やデイトレーダーが参加しているということを覚えておくだけでも、相場の見方や儲け方が違ってきます。

KABU COLUMN 3

株のお姉さん流
株の心構え3箇条

何も考えずに株を売り買いしても利益があがることはあります。ですがそれは、単に運が良かったと思うべきでしょう。連戦連勝しても、やり続ければどこかで損が生じるものです。運に頼ってばかりではいけません。しっかりした心構えで、学んだ知識を活かして売買する――これが大切です。

そこで紹介したいのが、株のお姉さん流3箇条です。これさえきっちり守ってやれば、何も考えないでやるよりも、パフォーマンスは良くなります。それが「学」「術」「道」の三つ。

「学」……**企業業績を確認!**

これは基本中の基本ですね。

「術」……**株価水準をチェック!**

上昇トレンド、下降トレンド、ボックス(横ばい)トレンドなのかを確認。

「道」……**「儲ける」という信念で株式投資をして、お金を増やす**

目的をはっきりさせること。その分、真剣度が増します。

さらに、「損して得取れ!」、つまりロスカットが大切です。儲かっているFIRE投資家はロスカットが上手にできています。損することはあっても、塩漬け株を作らないのです。

エピローグ

株で儲けて
恋人もできるかも!?

ボクは
儲けのために
情報を集めたり
決心を繰り返したりと
頑張っているうちに…
新聞が読める
ようになり
世界経済新聞
金利上昇中
ニュースがわかる
ようになり
CMM
NEWS
Ukraine
社会に
詳しくなり
非正規雇用
老後2千万円
問題
結果
視野が
広がった
好きな会社も
増えた
ゴオオオ…
普通は
逆じゃないかと
思うけど
これもありだろう

心に余裕もできたので
元手も増やしてみた
信用取引で50万円を保証金に…
本日のニューヨーク市場は…
とにかく代々続く株家系をボクの代で絶やさないようにしないと
絶やすなよ〜
絶やすなよ〜
母ちゃん2〜3日留守にするって言ってたけど
どこ行ったんだろ…?
ピロリン!
お!
株主優待で映画館のチケットもらっちゃった!
行こ!

ウオール街のオオカミ男
南宝シネマズ
そして株仲間の彼女もできた
THEATER 1
おもしろかった～
投資の勉強になる映画だったね～！
ね－！
よ！
観にきてたんだ
よ
よお
彼女？
うん
会社の同僚
初めまして
ペこ

ヌッ
よお
わ!
強欲じいさん!?
この間話してたボクの祖父
ええええ!?
その後調子はどうじゃ?
ども
じいちゃん知り合いだったの?
凡人仲間じゃ
ハハ…
凡人…?
株の世界は何が起こるか予測不能だ…

じゃあ
また
バイバイ
何？
売買？
ワシは
売らんぞ
じーちゃん
そればっかり
だな～
ピロリン
はは…
うわ…
なんだこれ!?
これ
母ちゃん!?
ちょっと利益で
旅行来てるカニ～
食事は適当にね
冷蔵庫に
カブの煮物が
ありま～す♡
(また昭和)

え⁉
この人お母さんなの？『株のお姐さん』で有名だよね！
え⁉
私「ツブヤイター」や「インスト」フォローしてるの！ほら‼
そうだったの？
母ちゃんいつの間にSNSまで…
株のお姐さん
230万フォロワー
しかもいつものエプロン姿じゃない…‼
ちょっと会いたい！将来のお義母さん紹介してよ！
え〜⁉
ぎゅっ
な なに…この予測不能な展開…
ま いっか

おわりに

株式投資には何といっても夢があります。たとえば、買った銘柄がストップ高となり、1日にして数十万円から数百万円以上、儲かる可能性があります。そんな経験を一度でもしてしまったら――もう、株式投資がやめられなくなるでしょう。もちろん、損をする時もあります。その時は、非を認めて早めのロスカットで対処。また出直せば良いのです。日本の上場企業は約3900社以上、発掘すれば、利益が確保できる銘柄がたくさんあります。

日本はまだまだ低金利の時代です。銀行や郵便局の普通預金なら0・001%～0・20%。時間外にATMで出金でもしたら、手数料のほうが高くつきます。税金ゼロの「シン・NISA」を活用して、株式投資で儲かるチャンスを活かさないのはもったいない！　普通預金やタンス預金で寝かせてあるお金にも、働き稼いでもらいましょう。

ただ、ビギナーズラックで儲かり、気を良くして次の銘柄にいったら、塩漬けになってしまった、といったように、株というのは儲かる話ばかりではありません。

私も、含み損が出た投資家から、「読みが外れた」「塩漬けになった」と、お叱りやクレームを掲示板やSNSに書かれることはよくあります。それでも、皆さんに儲けてほしいのです。なぜなら私は、個人投資家さんが、儲かって喜ぶ顔を見るのが何より楽しみだから。株式投資で儲かって怒る投資家は誰もいません。

私は35年間で約3000社近くの会社を取材してきました。足を使って、投資家と企業をつなぐ役目もしてきました。そして、誰よりも面白そうな儲かる銘柄を掘り出したいのです。だからこそ、株のお姉さん流の、損を少なくして儲かる方法を伝授したい、その一心で筆を執《と》ったのです。

儲かる人というのは、私の母もそうでしたが、「ロスカット」ができて、損したことを悔やんだりせず、メンタルコントロールができる人です。人が恐怖を覚える急落の相場に、「人の行く　裏に道あり　花の山」（相場格言）の余裕を持てる人。自分だけ儲けようとせず、感謝の気持ちを忘れない人。そうした人の周りには、さらに儲かっている人たちが集まってきます。株の神様はよく人を見ているのでしょう。

とにかく、株式投資をしながら、自分なりの投資スタイルを確立していくこと。本書で「基礎・基本」をしっかり学んだのですから、目標・目的を持ってガンガン儲けてください。あなたにもＦＩＲＥになれる資格は十分あります。生涯、株式投資を通じて、素敵なライフプランを構築していただけたら嬉しいです。

最後に、フォレスト出版の太田宏社長をご紹介下さり「とにかく書いてみなさい」と背中を押して下さった国際エコノミストの今井澂先生、帯の推薦文を書いてくださったひろゆきさま、占い師の愛新覚羅ゆうはんさま、漫画を担当してくださったトレンド・プロの皆さま、チャートや図版を作成してくれた沖浦康彦さまと佐藤末摘さま、ひょんなことから編集に関わって下さり、こだわる私にいつでも納得するまでお付き合いいただいた水原敦子さまをはじめ、今回はたくさんの方々のご協力があって出版する運びになりました。心より感謝申し上げ、筆を擱《お》くことにします。

２０２３年３月　雨宮総研代表　株のお姉さん　雨宮京子

雨宮京子

あめみや　きょうこ

◎雨宮総研代表。1987年日興證券入社。1日100億円を動かした元カリスマ証券レディ。その後、長野FM放送アナウンサー、ラジオ短波（現ラジオNIKKEI）、フジテレビレポーター、『週刊エコノミスト』（毎日新聞社）記者などを経て、日経CNBC東証アローズキャスター、テレビ東京マーケットレポーター、ストボTVキャスターなどで活躍。
◎わかりやすく解説する「株のお姉さん」として親しまれる。「第1回銘柄推奨人最強ランキング」（飛鳥新社）女性部門で第2位、『ネットマネー』（産経新聞出版）個人投資家1000人大調査「株のプロで好きな人」部門で第3位、2014年Yahoo! 株価予想11連勝、勝率94％達成、『夕刊フジ』株-1 グランドチャンピオン年間王者2連覇達成。SBI証券投資情報部を経て、Yahoo!ニュース公式コメンテーター。現在は日経CNBCやラジオNIKKEIに出演中。
◎主な著書に『株の教則本』（インデックス・コミュニケーションズ）、『はじめての人の株入門塾』（かんき出版）、『世界一わかりやすい株の売り方』（フォレスト出版）などがあり、初心者でもわかりやすい本を執筆している。
◎家庭では2男1女の母でもある。
〔著者HP〕 https://www.amekyon.com/

ブックデザイン　岩永香穂（MOA-I）
作図　佐藤末摘
チャートトレース　沖浦康彦
DTP　株式会社キャップス
校正　永田和恵（株式会社剣筆舎）
編集　水原敦子

マンガ原案　井上いろは
作画　百田ちなこ
作画協力　シミズアキヒト
マンガ制作　トレンド・プロ
マンガDTP　石田毅

資料提供　株探
東洋経済新報社

1日《にち》100億《おく》円《えん》動《うご》かした株《かぶ》のプロが教《おし》える株《かぶ》式《しき》投《とう》資《し》

2023年6月5日　初版発行

著者　雨宮 京子
発行者　太田 宏
発行所　フォレスト出版株式会社
〒162-0824 東京都新宿区揚場町2－18 白宝ビル7F
電話　03-5229-5750（営業）
03-5229-5757（編集）
URL http://www.forestpub.co.jp/
印刷・製本　萩原印刷株式会社

ISBN978-4-86680-182-7 Printed in Japan